BERLIN

Tobias Lehmkuhl

Land ohne Eile
Ein Sommer in Masuren

Rowohlt · Berlin

1. Auflage Mai 2012
Copyright © 2012 by Rowohlt · Berlin Verlag
GmbH, Berlin
Alle Rechte vorbehalten
Karten Peter Palm, Berlin
Satz aus der Apollo MT PostScript (InDesign)
bei Pinkuin Satz und Datentechnik, Berlin
Druck und Bindung CPI – Clausen & Bosse, Leck
Printed in Germany
ISBN 978 3 87134 733 7

Inhalt

Kurwa

Ich saß am Nikolaikensee, mildes Sonnenuntergangslicht schimmerte auf der Wasseroberfläche, ein paar Segelboote trieben vorüber, und gerade legte ein Ausflugsdampfer der *Weißen Flotte* an. Die Touristen, die hinausgefahren waren, um einen Blick auf den Spirdingsee zu werfen und unterdessen gehäkelte Deckchen und regionalen Wodka hatten kaufen können — es gab immer eine kleine Verkaufsshow, die beim Lärm der Motoren allerdings kaum zu verstehen war —, sie verließen allmählich das Schiff.

Auch der Kapitän und seine Mannschaft tauchten an der Reling auf, warfen prüfende Blicke auf das Geschehen an Land und sahen dabei wahrhaft stattlich aus. In ihren schwarz-weißen Uniformen wirkten sie, als würden sie, nachdem das niedere Volk sich verstreut hatte, alsbald die Gräfin Dönhoff in Empfang nehmen, sie mit galantem Handkuss hinüber an Bord geleiten und ihr dort, zu einer schwungvollen Solo-Fahrt, Champagner kredenzen oder wenigstens — bei dem Wetter! — eine Tasse Chłodnik, kalte Rote-Bete-Suppe.

Stattlich waren auch die Bäuche der Seebären, aber das fiel erst so richtig auf, als sie sich — bevor noch einmal alle Taue mit Akkuratesse nachgezogen wurden — in gemütliche Freizeitkluft warfen: karierte Hemden, verblichene Jeans; der Erste Offizier verzichtete gleich ganz auf Oberbekleidung und klopfte sich, es nahte der Feierabend, befreit auf den nackten Wanst.

Der polnische Prachtbauch, das sei gesagt, erschien mir von bemerkenswerter Festigkeit. Selbst bei hohem Seegang saß er stramm am Mann. Kein Schwabbeln, kein Schlackern. Ob es an der Qualität des hiesigen Bieres lag? An den kräftigen Koteletts, die man einem weichlichen Hackbraten vorzog? Oder trainierte der masurische Seemann, so sinnierte ich, seinen Bauch solcherart, dass er bei Gefecht auch als Rammbock eingesetzt werden konnte – für den Fall, dass etwaige Hindernisse sich der Essensaufnahme entgegenstellten?

Ich selbst aß inzwischen Spaghetti, war längst beim zweiten Bier angelangt und beobachtete von meinem Restaurant am Ufer aus noch immer versonnen die *Niegocin* und ihre tapfere Besatzung. So merkte ich nicht, dass sich eine Gruppe Jugendlicher meinem Tisch genähert hatte. Erst als sich auf den Stuhl rechts neben mir laut und vernehmlich etwas Großes und Schweres niederließ, wurde ich aus meiner Betrachtung gerissen.

Breit und herausfordernd grinste mich ein junger Mann an, blond und füllig wie ein Seemann und vielleicht zwanzig Jahre alt; am Tisch zu meiner Linken hatte er keinen Platz mehr gefunden. Da saßen nun kichernd seine vier Freunde und warteten, was passieren würde.

Ich grinste zurück.

– Hallo!, rief er da und begann, auf mich einzureden. Ich verstand kein Wort, und gleich erkannte er, dass ich Deutscher war. Umgehend taufte er mich und legte mir dazu segnend seine mächtigen Hände auf die Schultern:

– Du heißen Klops!

Damit konnte ich leben. Nun mischte man sich vom Nebentisch ein, tadelte den Freund für seine Aufdringlichkeit, aber ich war doch froh, dass er da war. Ich hatte ihn, der so rund und kugelig und komisch aussah, gleich ins Herz geschlossen.

Er mich auch:

– Klops, wie alt? Fünfunddreißig? Uh! Wirklich alt!

Er stellte mir seine Freunde vor: Bartek, Lukas, Natalja und Julia.

– Beautiful Julia!, rief er ein ums andere Mal, und es war offensichtlich, dass Julia für seine Schmeicheleien schon lange nicht mehr empfänglich war.

– Aber wie heißt du?, fragte ich, doch er wollte mir seinen Namen nicht ohne weiteres nennen.

– Klops raten!

Ich überlegte, welcher Name mir in den letzten Wochen am häufigsten begegnet war, eine Technik, die ich von Sherlock Holmes gelernt hatte. Wie Holmes war ich ein Anhänger der statistischen Wahrscheinlichkeit. Jan Paweł war das Ergebnis meiner Berechnungen, und da mein neuer Freund nicht wie ein schlanker Jan aussah, sagte ich:

– Paweł.

Offensichtlich hatte ich den Nagel auf den Kopf getroffen, denn für einen Moment stockte das Testosteron an seinen Stimmbändern, und er wusste nichts zu sagen. Dann aber nahm er schnell wieder die Pose des aufmüpfigen Tunichtguts ein, des Provokateurs, dem jede Scheu fremd ist. Er griff nach meinem Notizbuch, schlug es auf und rief:

– Schreiben, Klops: Julia very beautiful.

Ich tat wie geheißen und fügte ein «Paweł very beautiful» hinzu. Er war einfach ein Prachtbursche.

Paweł lachte, winkte den Kellner heran und bestellte Bier für uns beide; seine Freunde zogen Sprudel vor. Sie waren deutlich schlanker als er, fast unscheinbar neben ihm.

Nur Natalja stach heraus, mit ihrer schnittigen Frisur und den strahlend weißen Zähnen. Vor allem aber die Art, wie sie Paweł nachsichtig anschaute und ihn manchmal tadelte, verlieh ihr eine Aura entspannter Souveränität, eine geradezu urbane Anmutung. Ich stellte sie mir in Warschau oder Berlin vor und fragte mich, was sie hier tat, in Nikolaiken, diesem Nest.

Wie sich herausstellte, arbeitete sie als Kellnerin in einem Restaurant am Marktplatz und war ihren Freunden damit tatsächlich um einiges voraus: Sie hatte einen Job.

Das Bier kam, und Paweł, wenig geneigt, über so unerfreuliche Dinge wie Arbeit zu reden, rief:

– Deutscher Mann, trink!

Er hatte zweifellos schon viele Biere in seinem kurzen Leben getrunken, und auch an diesem Abend würden es einige werden. Immer wieder stießen wir klirrend an, immer intensiver redete er auf mich ein. Dabei interpunktierte er seine Rede mit einem Wort, das ich nicht kannte: «Kurwa.» Kurwa hier, kurwa da, jedes zweite Wort lautete «kurwa».

– Was heißt das, kurwa?, fragte ich.

Paweł überlegte.

– Quatsch!

– Nein, schaltete sich Natalja ein, Scheiße heißt das.

Nachdem das geklärt war, redete Paweł weiter und weiter, nötigte mich, den man gar nicht nötigen musste, zum Trinken, und immer wieder zügelte Natalja ihn mit mütterlicher Gelassenheit.

Er tat, als hörte er ihre Kommentare gar nicht, achtete aber gleichwohl darauf, dass sich ihr Unwille in Grenzen hielt.

Sie war, wie ich beim dritten Bier erfuhr, seine jüngere Schwester, und jüngere Schwestern haben bekanntlich größeren Einfluss auf ihre älteren Brüder als irgendjemand sonst.

Da wurde mir klar, dass nicht ihr Job, sondern Paweł

sie in Nikolaiken hielt, sie blieb hier, weil sie sich um ihn kümmern musste.

Ihre Eltern nämlich waren nach Deutschland gegangen und hatten sich dort getrennt. Die Mutter lebte nun in Schweden, der Vater war in Hamburg geblieben. Sie aber, Natalja und Paweł, und auch Bartek, Julia und Lukas, hielten in Polen die Stellung. Vielleicht war das der Grund, dachte ich, dass Polen so jung war.

– Wirklich jung, sagte ich, aber da hörte mir schon niemand mehr zu.

Polen!

Einige Wochen zuvor war ich in Masuren angekommen, angelockt vom Klang des Namens. «Masuren», das schnurrte so sanft, dass ich bereits die kleine Bahn zu hören gemeint hatte, die mich dort hinbringen würde, das Rollen der Räder auf endlosen Gleisen … Masuren. So wenig hatte ich über Masuren gewusst, dass all das, was es zu wissen gab, mir unermesslich reich erschienen war.

Nicht einmal eine klare geographische Vorstellung davon, wo dieses Masuren eigentlich lag, besaß ich. Es kam mir vor wie ein Verwandter Lummerlands, wusste man von Lummerland doch ebenso wenig, wo es genau zu finden sei, und auch dort gab es eine kleine Eisenbahn.

Nur eins wusste ich: Masuren lag irgendwo im Osten Europas, und den Osten fand ich lange schon verlockender als jede andere Himmelsrichtung. Der Norden war mir zu kalt, den Süden kannte ich, der Westen schien mir so abgegrast wie die Prärie in North Dakota, nachdem eine Herde Büffel sich daran gütlich getan hat. Aus dem Osten aber kam der Mensch, von dort aus hatte er einst den Westen bevölkert, den Berliner Raum zumindest, und als Berliner fühlte ich mich. Eine Reise in den Osten wäre wie eine Reise zu den eigenen Ursprüngen, mochten die Kirchenbücher in Westfalen auch ganz anderes behaupten.

«Sie sagen, junger Mann, nach Osten fahren Sie?», las ich in Péter Esterházys Reiseroman «Donau abwärts». «Immer nur nach Osten? Aber wenn Sie dabei bleiben, wohin kommen Sie da? Na? Na? Nach Westen, jawoll! In den westlichsten Westen. Eine verrückte Sache, daß die Erde rund ist! Verstehen Sie? Die Hoffnung. Daß es nichts Östlichstes gibt!»

Der Osten, das war für mich ein Trichter, der sich immer weiter öffnete, je tiefer man sich in ihn hineinbegab. Wie ein immenses Versprechen kam er mir vor, unerschöpflich.

Dass die Realität angesichts solcher Vorstellung nur ernüchtern konnte, wurde mir, euphorisch, wie ich war, mit einem Schlag klar, als ich in Osterode aus dem Zug stieg: Von wilder rauer Weite war hier nichts zu spüren. Osterode präsentierte sich trubelig, geradezu heiter und leicht an diesem sonnigen Frühlingstag. Die Bürgersteige waren so voll, als hätte man die gesamte Einwohnerschaft aus ihren Wohnungen getrieben. Tausend kleine Geschäfte reihten sich entlang der endlosen Hauptstraße, Autos, Busse, Taxis rauschten an mir vorüber. Im «Land ohne Eile», wie Arno Surminski Masuren in «Die Reise nach Nikolaiken» nennt, war ich offensichtlich noch nicht angekommen. Alles war voller Schilder und Werbetafeln, die ich nicht entziffern konnte, und doch las ich alles, weil mein Kopf einfach nicht verstehen wollte, dass er nichts verstand. Aus einem Lautsprecher drangen scheppernd Geräusche, die sich wie eine katholische Messe anhörten, und tatsächlich, da sah ich im Fenster eines schäbigen grauen Hauses die Quelle des dröhnenden Glaubensritus und daneben ein Bild Johannes Pauls II. Kein Gesicht sollte mir in den nächsten Monaten häufiger begegnen, aber das wusste ich noch nicht.

Dabei trug ich selbst eine Fotografie des verstorbenen Papstes in der Tasche. Zwei Tage vor meiner Abfahrt war ich auf der Straße, der Berliner Friedrichstraße, an einer wunderlichen, sehr alten, sehr dicken und sehr dick geschminkten Dame vorbeigekommen, die laut und wie erleuchtet mir unverständliche Lieder schmetterte.

Ich schaute in meine Brieftasche und fand nur ein größeres Geldstück, kämpfte für einen Moment mit meinem Geiz, gewann dann aber die Oberhand und legte die Münze der Dame ins spendenempfangende Bastkörbchen. Als ich sogleich weitergehen wollte, hielt sie mich, eben ans Ende ihrer Arie gelangt, zurück, lächelte so ansteckend, wie nur dicke Frauen ansteckend lächeln können, und überreichte mir zum Dank ein Bild von Jan Paweł II.

Ich freute mich über die Belohnung, wertete sie als gutes Omen für meine Reise und bewahrte das Bild als Talisman in meinem Portemonnaie.

Mit Osterode oder Ostróda hatte ich das Ziel meiner Reise nach langstündiger Fahrt gleichwohl noch nicht erreicht, denn Osterode war lediglich das «Tor zu Masuren». Also nahm ich mir ein Taxi, hinterm Steuer saß Witek, und während Witek, vielleicht Anfang zwanzig, sein Handy ans Ohr hielt und vor den Mund das Funkgerät, tippte er mit dem letzten freien Finger noch «Pietrzwałd» ins Navigationsgerät. Aus den Boxen schallte scheußliche Musik, trotz der Wärme draußen wurden noch schnell die Fenster hochgefahren, dann ging's los, zum Tore hinaus.

Witek, so stellte sich heraus, hatte bereits mehrere Jahre im Ausland gearbeitet: erst als Gartenarbeiter in Bremen, dann in einer Fabrik in Plymouth, schließlich als Koch. Dann wurden im Westen die Jobs rar, und er kehrte nach Polen zurück. Dabei, meinte er, könnten die Verhältnisse hier deutlich besser sein, besonders aus Taxifahrersicht: Nur eine einzige Autobahn gebe es in Polen, und für die müsse man auch noch Maut bezahlen! Sei das nicht verrückt? Im Ausland habe er die Autobahnen immer umsonst benutzen dürfen, und daheim müsse er dafür zahlen! Was sollten da erst die ganzen Touristen denken? Von denen gebe es hier in der Gegend ja viele, Deutsche und Engländer, überhaupt, was ich denn in Pietrzwałd wolle, ich solle doch länger in Ostróda bleiben, es sei ein so schönes ruhiges Städtchen, sagte er und bremste scharf. Gerade noch gelang es ihm, einem riesigen Schlagloch auszuweichen. «Polen!», lachte er und gab wieder Gas.

Bald darauf waren wir im ehemaligen Peterswalde angekommen, einem kleinen Dorf knapp zwanzig Kilometer südlich von Osterode, ein paar Häuser bloß und ein winziger Dorfladen. Dort ließ ich mich absetzen, kaufte eine Flasche Wasser, ein paar Äpfel und lief los.

Irgendwo hier also musste es liegen, mein Ziel, die Kernsdorfer Höhen.

Bei den Kernsdorfer Höhen, so hieß es nämlich, beginne Masuren. Aber die Gegend war hügelig, und keine Erhebung stach besonders hervor. Ich hielt Ausschau nach dem Sendemast, der die höchste Höhe (putzige 312 Meter) zieren sollte. Nach einer Weile erblickte ich ihn, verlor ihn aber wieder aus den Augen, entdeckte ihn erneut und verlor ihn ein weiteres Mal. Die Landschaft zeigte sich anschmiegsam, ein sanftes Auf und Ab, um ein paar Meter bloß, aber immerhin. Die Bäume hatten schon tief Luft geholt, ihre ganze Blätterpracht aber noch nicht entfaltet. Auch die Vögel hielten sich zurück, nur ein Buchfink hüpfte hin und wieder über den Weg.

Es war noch früh im Jahr, für masurische Verhältnisse zumindest: Anfang Mai. Angeblich waren die berühmten Masurischen Seen um diese Zeit mitunter noch zugefroren. Das konnte ich nicht so recht glauben, denn schon nach dem ersten Kilometer wurde mir heiß. Ich zog meine Jacke aus und passierte ein kleines Gehöft, eine Holzscheune und schließlich, als ich meinen Weg zum Sendemast schon endgültig verpasst zu haben meinte, einen unverputzten

Klinkerbau mit grellblau lackierten Ziegeln auf dem Dach. Davor zwei Kühe, die mich anstierten.

Das kann doch nicht Masuren sein, dachte ich, und tatsächlich, da erst erschien die Abzweigung: Dylewska Góra, Kernsdorfer Höhen. Kurz darauf erreichte ich den Sendemast und dahinter einen Aussichtsturm. Leider durfte ich nicht hinauf, er sei nur als Ausguck gedacht, zur Früherkennung von Waldbränden, erklärte mir ein zahnloser Waldarbeiter, dem ich begegnete. Zur Veranschaulichung kniete der Mann sich nieder und tat so, als risse er ein Zündholz an – ratsch –, um damit ein imaginäres Feuer zu legen. Ich dankte ihm, ging zur Straße zurück und folgte ihr die Höhe hinab.

Nun war ich also in Masuren angekommen. Gleich auch wurde der Wald rechts und links des Weges dichter, die Gegend einsamer, und wie in einem Schauerroman geriet ich überdies zu einem alten Friedhof.

Wild zerklüftet lag dort eine Landschaft aus Grabsteinen unter abgestorbenen Bäumen. Die meisten der Steine waren zerbrochen, kaum einer war noch zu lesen. Die Stimmung hätte bei schlechtem Wetter unheimlicher sein können, aber auch so war sie schon wenig angenehm. Ich stolperte über Erdhaufen, die seit langem kein Fuß mehr betreten hatte, und versuchte, eine der Inschriften zu entziffern.

«Hier ruht in Gott mein lieber Mann, unser treusorgender Vater Gottlieb Mauritz, geb. 15. 6. 1894», stand da auf einem, auch von Luise Fröhlich, geb. Waltersdorf, war das Geburtsdatum noch zu erkennen: 9. 3. 1926. Daneben lagen Friedrich und Charlotte Tomba; außerdem die Wölks, Auguste, geb. Marquardt, 1879–1939, Gustav, 1909–1967, und Martha, die Letzte offensichtlich, die hier 1995 zu Grabe getragen wurde.

Ich aß einen Apfel und warf den Butzen in die tote Landschaft. Nichts würde hier mehr keimen, dachte ich; vielleicht würde ein Vogel den Apfel finden und sich daran laben. Doch ich hatte wenig Hoffnung.

Körperlich gestärkt, wanderte ich weiter, immer die Straße hinunter. Leider hatte ich nur eine sehr ungefähre Landkarte und mithin eine äußerst vage Vorstellung davon, wie groß die Entfernungen waren. Doch die Entfernungen spielten kaum mehr eine Rolle, denn die Sonne wurde immer kräftiger, und bald schon hatte ich das Gefühl, seit Stunden unterwegs zu sein. Endlos zog sich die Straße hin, und da ich inzwischen den Wald verlassen hatte, war ich der Hitze hilflos ausgeliefert. Mein Nacken brannte, an Sonnencreme hatte ich nicht gedacht, und selbst meine Lippen wurden trocken. Mein Wasser war bald aufgebraucht, die Lippen wurden immer trockener, immer heißer wurde es im Nacken, und weit und breit war kein Schatten zu sehen.

In der Ferne sah ich eine große Querstraße, ab und zu fuhr ein Lkw von rechts nach links. Dort schleppte ich mich hin, in der Hoffnung, jemand würde mich mitnehmen. Aber umsonst. Niemand zögerte auch nur bei meinem Anblick; kein Wagen hielt. Man schaute mich geradezu angewidert an. Offensichtlich war es in Polen nicht nur unüblich, Anhalter mitzunehmen, offensichtlich betrachtete man sie hierzulande als Aussätzige.

Den Daumen immer ausgestreckt, lief ich weiter, auf das nächste Dorf zu, in der Hoffnung, dort eine Bushaltestelle zu finden. Immerhin gab es einen Laden, auch wenn ich ihn erst auf den zweiten Blick erkannte, es war ein kleiner Raum in einer Parterrewohnung. Ich kaufte Eis. Auf meine Frage nach einem Bus erntete ich aber nur Kopfschütteln. Also musste ich zu Fuß weiter.

Die Sonne war indessen unerträglich geworden. Nicht einmal einen Hut hatte ich dabei, und so wurde mir allmählich schummrig zumute. Unter einem Baum ruhte ich mich eine Weile aus. Aber da ich von vorbeifahrenden Traktoren herab ebenfalls abschätzig betrachtet wurde, raffte ich mich bald wieder auf.

Im nächsten Ort fand ich dann Erlösung: Es gab eine Bushaltestelle, eine überdachte, schattenspendende Bushaltestelle, und der einzige Bus des Tages, er sollte ganz unwahrscheinlicherweise in einer halben Stunde fahren. Nach Ostróda.

Und so endete mein erster Ausflug nach Masuren.

Natürliche Verteidigungsfähigkeit

Nach Nikolaiken, wo ich Paweł und Natalja und Julia, Bartek und Lukas kennenlernte, fuhr ich wenig später. Dort saß ich nun auf dem Balkon meiner Pension mit Blick auf den Nikolaikensee und betrachtete Landkarten: zuerst den Marco-Polo-Straßenatlas «Polen». Masuren nahm darin nur eine von achtunddreißig Detailkarten ein. Es war die vorletzte in der rechten oberen Ecke, im äußeren Nordosten des Landes, die mit den meisten blauen Flecken, den offenbar größten Seen weit und breit. Auch die angrenzenden Länder auf der Überblickskarte gleich auf der Umschlagseite des Atlasses – Tschechien, Slowakei, Ukraine, Weißrussland und Litauen – wiesen keine größeren Gewässer auf.

Natürlich war ich mittlerweile vertraut mit den Klischees über Masuren, das man das Land der «dunklen Wälder und kristallenen Seen» nannte. Bevor ich losgefahren war, hatte ich sogar noch im Raritätensaal der Berliner Staatsbibliothek in einer Broschüre geblättert, in der die «natürliche Verteidigungsfähigkeit der masurischen Seen» gelobt wurde. «Kriegsberichte aus dem Hauptquartier 1915» hieß sie. Was so offiziell klang, gehörte jedoch zu einer aufs breite Publikum zielenden Schriftenreihe. «Diese ausführlichen amtlichen Berichte», stand auf dem Deckblatt, «sind die ersten und wichtigsten Bausteine zu einer Geschichte des Krieges. Ihre Anschaffung und vollständige» – dieses Wort war unterstrichen – «Sammlung empfiehlt sich daher für jedermann.»

Die Seen waren also nicht nur schön, sondern auch nützlich. Überhaupt erschien mir die Gestalt Masurens einigermaßen widerspenstig. Seine Konturen erinnerten an die einer Amöbe; keine geometrische Form, die diesem Klecks entsprochen hätte. Ohnehin waren die Grenzen der Region nicht klar definiert: Masuren hatte nie einen eigenen Staat, ja nicht einmal eine eigene Verwaltungseinheit gebildet, weder innerhalb Preußens noch innerhalb Polens. Die Literatur war sich erstaunlich einig darüber, dass sich nicht genau sagen lässt, wo Masuren anfängt und wo es aufhört, fast als würde es zu viel Mühe machen, sich dieser Frage eingehender zu widmen. Zwischen den Kernsdorfer Höhen im Südwesten und den Seesker Höhen im Nordosten, hieß es in einem Reiseführer einigermaßen blumig, «spanne» sich Masuren «mondsichelförmig» auf – eine beschönigende Umschreibung für eine im Grunde doch sehr eierige, ausgebeulte, ganz und gar schwammige Unform.

Aber zoomte man näher heran, fiel das nicht weiter auf. Nahm man etwa die Regionalkarte «Warmińsko-Mazurskie» zur Hand, Maßstab 1 : 250 000, konnte man sich bereits im Detail verlieren. Doch weitaus mehr zu bieten hatte die Karte der «Großen Masurischen Seen» im Maßstab 1 : 100 000, die ich gerade erworben hatte und mir nun vornahm. Für zwölf Złoty bot sie allerhand: fünfundzwanzig Stadtplanen (sic!), Informationen für Segler und «Historische Ortsnamen aus dem Jahre 1933». Außerdem eine Ansicht des Spirdingsees mit Umgebung im unschlagbaren Maßstab 1 : 50 000. Faltete man sie auseinander, schlug das Herz eines jeden Landkartenliebhabers höher, es war, als täte sich eine eigene Welt auf: so viele Linien, Namen, Farben, dass es die reinste Freude war.

Stunden brachte ich damit zu, den verschiedenen Straßen und Wegen zu folgen, die Namen vor mich hin zu sprechen, immer neue Routen zu planen; so lange, bis ich schließlich Angst bekam, das wirkliche Masuren hinter der Karte würde gegen diese bald verblassen. Also schaute ich für einen Moment hinaus auf den See, sagte mir, wie schön er doch sei, und steckte dann die Nase wieder in die Karte, las die lustigen deutschen Ortsnamen, versuchte die polnischen halbwegs richtig auszusprechen, wendete das Blatt immer wieder, um bestimmte Wege mit den Detailkarten auf der Rückseite abzugleichen, stellte mir vor, wie es im Nietlitzer Bruch wohl aussehen mochte, wie das Ufer des Lucknainer Sees beschaffen sei und was für Häuser in dem winzigen Weiler Popiellnen ständen.

So wie viele Leute die Orte ihrer Reisen nur durch den Fotoapparat wahrnehmen, ständig Bilder machen und sie dann sofort auf dem Display betrachten, ja mehr Zeit vor dem Bildschirm ihrer kleinen Kamera zubringen als vor dem Gegenstand ihres fotografischen Interesses, so lief ich ständig Gefahr, mich in Landkarten zu verlieren, Höhenlinien hinaufzukraxeln, rot gestrichelte Wanderwege optisch abzuschreiten oder vom überwucherten Gleisbett stillgelegter Eisenbahnlinien zu träumen.

Ich kannte das schon, nach Wanderungen konnte ich mich manchmal nicht an die Gegend selbst, sehr wohl aber an die graphische Darstellung auf meiner Wanderkarte erinnern.

Karten konnten gleichwohl einschüchtern, speziell diese schöne Karte: Sie zeigte nur einen Ausschnitt von Masuren, ein Viertel vielleicht, und doch wurde mir klar, dass ich selbst von diesem Viertel nicht einmal ein Viertel würde ergründen können. Dafür bräuchte es viele Sommer, und ich hatte nur den einen. Was also sollte ich mir vornehmen, was auslassen? Wonach sollte ich auswählen? Wo beginnen?

Mit einem Anflug von Verzweiflung schaute ich wieder

hinaus auf den See, sah, wie Paare sich an seiner Promenade ergingen, sah einen dicken Mann in seinem Boot sitzen, eine Bierdose auf dem Bauch, Schwäne, die ihm gefährlich nahe kamen, den Wirt meiner Pension, wie er mit einer Bohrmaschine Löcher in Blumenkübel trieb – da wurde mir mit einem Mal bewusst, dass die Antwort direkt vor mir lag.

Die Reise durch Nikolaiken

Es war 7:26 Uhr in der Früh. Wie jeden Morgen riefen die Glocken der Kirche gleich auf der anderen Seite der Straße zum Gottesdienst. Schnell sprang ich aus dem Bett, denn an diesem Tag wollte ich Nikolaiken einmal von Grund auf erkunden, nicht als Tourist, der versonnen umherschlendert, eher als eine Art früher Forschungsreisender, der seinem Auftraggeber ein möglichst detailliertes Bild von diesem fernen Ort und seinen Bewohnern liefern soll.

Nach Dusche und Frühstück ging ich also, einzig mit Papier und Stift bewaffnet und als käme ich aus einer Zeit weit vor Erfindung der Fotografie, hinüber in die kleine Backsteinkirche.

Außer mir waren vier ältere Frauen anwesend. Eine von ihnen wirkte sehr angespannt. Immer wieder schaute sie sich um und betrachtete mich mit bösem Blick. Danach zischelte sie ihre Gebete besonders laut.

Der Pfarrer, der gegen acht auf den Plan trat, war von routinierter Gleichmütigkeit und störte sich nicht daran, dass die angespannte Frau ihn beim Singen übertönte, obwohl seine Stimme elektronisch verstärkt wurde. Nicht nur im etwas partykellerhaften Kircheninneren (es war ein recht kleines, enges, fast stickiges Gebäude), auch über dem Eingangsportal hing ein Lautsprecher. Hier spürte man, wie missionierungswillig und selbst in scheinbar aussichtsloser Lage hoffnungsvoll der Katholizismus doch ist. Vielleicht blühte ihm ja ein zweiter Frühling, denn wo alle nach Entschleunigung schreien, ist so eine Messe genau das Richtige: Man verbringt Stunden mit den immergleichen und gerade in ihrer praktischen Nutzlosigkeit so attraktiven Ritualen.

Vielleicht waren es auch nur fünfundvierzig Minuten, die ich hier verbrachte. Die Kirche konnte sich mit keiner Kirchturmuhr schmücken, und mir war die Zeit auch recht egal. Ein ganzer Tag für einen Ort von gerade einmal viertausend Einwohnern, das dürfte allemal reichen. Oder?

Ich trat vor die Kirche auf die Ulica Michała Kajka, die zum Marktplatz führt. Michał Kajka, nach dem die Straße benannt war, erfuhr ich später, wurde 1858 in der Gegend von Orzysz geboren und setzte sich für den Erhalt der Vielsprachigkeit und gegen die «Zwangsgermanisierung» der masurischen Bevölkerung ein. In seinen «Masurischen Klageliedern» heißt es: «Lass unser flehentliches Rufen / Für unser geliebtes Volk / Hinaufsteigen zu den Himmeln / Oder irgendwo über den Ozean, / Lass es ertönen mit traurigem Klang / Über der heimatlichen Sprache Tod.»

Heute hört man nur noch Polnisch in Masuren, von gelegentlichem Urlauberdeutsch abgesehen.

Ich ging Richtung Marktplatz, vorbei an einer Pizzeria und einigen Häusern aus der Vorkriegszeit. Sie fielen, so ganz ohne Charme und Schmuck, unter den Nachkriegsbauten kaum auf. Der Platz selbst wurde gerade neu gestaltet; seit Wochen hockten die Pflasterer auf dem Boden und versahen ihn mit einer Kopfsteindecke. Auch ein großer Springbrunnen in der Mitte des Platzes stand vor der Vollendung; um ihn herum, in einem großen Bogen, hatte man Betonplatten ins Pflaster eingelassen, die wie Fische geformt waren. Die Augen dieser Betonfische entpuppten sich des Nachts als bodenerleuchtende Halogenstrahler.

Noch aber waren einige Bereiche des Platzes abgesperrt, und ich stellte mich an den Rand, um einen Überblick zu gewinnen: zwei Banken, drei Restaurants, zwei Supermärkte, ein Souvenir- sowie ein Schreibwarenladen. Außerdem eine Drogerie und die Touristeninformation. Am Kopf des Marktes das ehemalige Rathaus, in dem sich inzwischen das Hotel Mazur befand. «1888» stand groß über dem Eingangsportal, und genauso groß leuchtete eine elektronische Tafel auf und blinkte wild, um zu verkünden, was auch in starren Buchstaben zu lesen war: den Namen des Hotels.

Ein unverzeihlicher Stilbruch. Aber wo ohnehin Unordnung herrscht, wiegt er weniger schwer. Wenn auch einige der Gebäude am Marktplatz aus derselben Zeit stammten wie das ehemalige Rathaus, so passten hier doch keine zwei Häuser zueinander. In die Lücken hatte man einfach irgendetwas gesetzt; eine gemeinsame Traufhöhe wurde nur sehr, sehr ungefähr angepeilt. Doch überragte kein Gebäude das andere, im Durchschnitt baute man hier zweieinhalb Stockwerke hoch.

So wirkte der ganze Platz, obwohl relativ groß, merkwürdig geduckt und gepresst. Auch Fassaden gingen in einem gelb-grau-weißlichen Gemisch ineinander über. Wer nicht genau hinschaute, konnte nicht unterscheiden, welches Werbeschild zu welchem Laden gehörte, wo überhaupt ein Laden, ein Restaurant anfing oder aufhörte.

Farbe und Charakter verlieh diesem irgendwie trostlosen Platz die Parkplatzdiva. Da ein gewisser Teil des neu gepflasterten Areals Fahrzeugabstellzwecken diente, ohne dass man Parkuhren installiert hätte, kassierte eine elegante ältere Dame die Gebühren. Von einem adeligen Air umgeben, hätte sie auch gut in eine Blankeneser Villa oder eine Boutique auf dem Jungfernstieg gepasst. Stämmig, aber von sehr gerader Statur, behielt sie mit strengem Blick jedes Auto im Auge. Dabei trug sie mal ein hellblaues

Kostüm zu rot-weiß gestreiften Turnschuhen (trotz ihrer sicherlich sechzig Jahre wirkte – würdevoll, wie sie auftrat – auch dieses jugendliche Attribut an ihr keineswegs lächerlich), mal ein leopardenfellartig gemustertes Kleidchen mit kühn ausgefranstem Saum. Auf dem Kopf saß ihr meist ein Strohhut mit einer rosa Rose daran.

Wenn die Parkplatzdiva nicht gerade abkassierte, saß sie auf einem Plastikstuhl, neben sich eine Esprit-Tüte mit Wasser und Keksen, und streichelte ihr Schoßhündchen – wobei ich mir bald nicht mehr sicher war, ob sie wirklich so ein Hündchen dabeihatte oder ob ich es mir, weil es so gut passen würde, nur nachträglich einbildete.

Der Marktplatz, kurz gesagt, machte augenscheinlich nicht viel her. Das war vor siebzig Jahren nicht anders gewesen, als Marion Dönhoff hier auf ihrem «Ritt durch Masuren» Station machte: «Das Städtchen ist völlig ausgestorben, man hört keinen Laut. Nirgends Licht, niemand auf den Straßen.»

Damals, im Jahr 1941, herrschte freilich Krieg, und die meisten Männer waren an der Front. Gemeinsam mit ihrer Cousine Sissi von Lehndorff sah Marion Dönhoff auf ihrer fünftägigen Reise noch einmal ein Masuren, wie viele jener Soldaten es nie wiedersehen sollten. Eigentlich an ihren kleinen Bruder gerichtet, erschienen die Aufzeichnungen erstmals 1962.

Heute nun ging es in Nikolaiken belebter zu, auch wenn zu dieser frühen Stunde nur wenige Menschen unterwegs waren. Ein paar Touristen, die nicht wussten, was sie fotografieren sollten, ein paar Kinder auf dem Weg zur Schule, einige Frauen, die ihre Läden aufschlossen. Sogar frühstücken hätte Marion Dönhoff hier können. Damals war sie am nächsten Morgen gleich weitergeritten und hatte sich später auf dem Gut eines Bekannten versorgen lassen müssen. Dieses Gut lag ein paar Kilometer den Nikolaikensee hinunter, längst aufgegeben und zerfallen.

Ich ging weiter die Kajka-Straße entlang, vorbei an zahlreichen Juweliergeschäften, deren Schaufenster vor Bernsteinschmuck überquollen, vorbei an der Post, der ein oder anderen Pizzeria, an Eisdielen, Apotheken, einer Wechselstube. Bis ich auf einem großen Platz landete, auf dem die Busse wendeten und Passagiere aus- und zusteigen ließen, Linien- wie Touristenbusse. Allzu rege war der Verkehr auch hier nicht, und ich überquerte den Platz und betrat das Gelände der evangelischen Kirche des Ortes, einen schlanken sandfarbenen Bau, dessen silbermatt schimmernder Turm weit in den Himmel ragte. Ich besaß ein altes Foto, vielleicht hundert Jahre alt, auf dem Nikolaiken abgebildet war – oder eher nicht abgebildet war, weil Schilf und Fischerhütten zauberisch den Blick versperrten. Nur diesen Kirchturm sah man deutlich, ein dem langen Schilf verwandtes, sich also beinahe im Winde wiegendes Bauwerk, wie es sich elegant über dem kleinen Ort emporschwingt. Das Schilf war inzwischen verschwunden, die Ufer verbaut, der Turm aber schien unverändert und von geradezu jugendlicher Frische und Biegsamkeit.

Allerdings war die Kirche verschlossen, und so betrat ich das benachbarte «Museum der polnischen Reformation». Masuren, als Teil Ostpreußens, war bis 1945 evangelisch geprägt, mit Kriegsende aber ging mit den Deutschen auch der Großteil der protestantischen Bevölkerung verloren.

Ein großer Mann mit unfassbar traurigen Augen führte mich herum. Es schien, als habe er den Verlust noch lange nicht verschmerzt, ja als sei er bereit, sich selbst ins Schwert zu werfen, wenn die Protestanten nur wieder zurückkämen nach Polen. Pflichtschuldig betrachtete ich

Dutzende alter Luther-Bibeln in Deutsch, Polnisch und Litauisch, sah dann aber zu, dass ich wieder hinauskam.

Um den Trauermantel abzuschütteln, setzte ich mich an die parallel zur Kajka-Straße verlaufende Uferpromenade am Nikolaikensee. Die erste größere Touristengruppe des Tages zog kameraschwenkend an mir vorbei und betrat die *Sheherazade*, einen dem Namen entsprechend märchenhaft-exzentrisch bemalten Ausflugsdampfer, der mehrmals täglich, bei Ein- und Ausfahrt laut tutend, über den Nikolaikensee zum Spirdingsee fuhr.

Ein Junge zog seinem kleinen Bruder eins über die Mütze, der Kleine fing an zu heulen. Da mischte sich die Mutter ein, und bald darauf kreischte auch der größere der beiden. Als sie aufs Boot stiegen, war aber alles wieder gut, und ich genoss nach dem Abschiedstuten die vorübergehende Stille.

Doch weiter. Nun ging es die Uferpromenade entlang. Auch hier die zu erwartende Abfolge von Restaurants: Pizzeria, Eisdiele, Hot-Dog-Stand, Dönerladen. Das Kapitanat der *Weißen Flotte*, ein Restaurant der Kette *Kuchnia Soviata*, schließlich die eigentliche Marina mit zu Stoßzeiten sicherlich hundert Booten. Meine Lieblingsnamen: *Apollo*, *Testosteron*, *Madame*, *Tatanka*, *Topless*. Mehrere Geschäfte mit Seglerbedarf und die sogenannte Hafentaverne. Außerdem eine Bar, deren Theke direkt auf der Promenade stand, unter freiem Himmel. Enorm potente Lautsprecher dominierten die Akustik im weiten Umkreis, auch die kleine Freifläche mit dem lustigen Denkmal in der Mitte war davon betroffen. Es stellte, etwa mannshoch und blankpoliert, den Stinthengst dar, einen seepferdchenhaft sich emporwindenden Fisch mit einer Krone auf dem Haupt. Von diesem König der Fische ging die Sage, dass er einst die Seen der Umgebung beherrschte, Netze einfach zerfetzte und alle Boote, die ihm in die Quere kamen, umzuwerfen pflegte. Mit größeren Booten und größeren Netzen gelang es den Fischern der Stadt schließlich, ihn zu fangen, er aber, um dem Tod zu entgehen, versprach ihnen stets guten Fang. Die Fischer ließen sich auf das Versprechen ein, legten den Stinthengst aber an die Kette.

Ein Plastikstinthengst wird nun jeden Sommer unter großem Hallo der Sommerfrischler zu Wasser gelassen. Davon wusste ich schon. Nur das Denkmal war mir neu. Ganz hübsch eigentlich. Das Bild dieses Fragezeichens von einem Fischkönig zierte auch das Wappen von Nikolaiken.

Ich war nun, nur eben auf Seehöhe, beinahe wieder am Ausgangspunkt meiner Erkundung angelangt. Wie weiter? Wo wohnten die viertausend Nikolaiker eigentlich? Das Durcheinander der architektonischen Gestaltung, musste ich feststellen, setzte sich im Chaos der Gesamtanlage des Ortes fort. Wo man schon gar nicht mehr damit gerechnet hatte, tauchten in jeder Richtung plötzlich neue Straßen auf. Nur der See funktionierte als natürliche Barriere, ansonsten franste Nikolaiken an seinen Rändern aus. Ohne dass es freilich besonders auffiel, so niedrig waren die Häuser.

Da gab es Siedlungen von Ein-Familien-Häuschen, daneben einen großen Supermarkt und die zweite, große katholische Kirche mit einem Johannes-Paul-II.-Standbild davor – cremefarben sah es aus, wie aus Vanilleeis geformt. Da gab es im Hinterland eine Art abgesägtes Klein-Marzahn mit vierstöckigen Plattenbauten. Daneben Schule, Sportplatz und Turnhalle. Und dann war da noch, hinten beim Friedhof, am Ortsausgang, der Bahnhof, stillgelegt.

Über meine Spaziergänge war es inzwischen Mittag geworden. Ich setzte mich an den Marktplatz, um etwas zu essen. Dabei blätterte ich in einem Band der Reihe «Reisebücher von Anno dazumal», der sich mit den Seen in Masuren und dem Oberland befasste, erschienen im Jahr 1927 und entsprechend deutschtümelnd. Der Autor, «Dr. phil.» Max Simoneit, befand in seinem Vorwort: «Darf doch der zum Herzen unseres Vaterlandes gerichtete Ruf, Masuren zu besuchen, heute nicht mehr allein mit dessen einzigartiger Schönheit und sonderbarer Eigenart begründet werden, – sondern muß doch der Ruf erschallen, weil das deutscheste Land der Wälder und Seen als Grabstätte großartigsten deutschen Heldentums wichtigstes deutsches Wallfahrtsziel werden muß. Wer heute im dunklen Wald an den Grabstätten der Tannenberghelden träumt, der wird in wunderbarem Ahnen dessen gewiß, daß in unbewußter Schönheit die Geschichte dieser Weihestätten das deutsche ‹Dornröschenheiligtum› sorglichst behütet. So sollt Ihr zu uns kommen, die Ihr mit wundem Herzen unter der Knute von Versailles Euer Vaterland in Ehrlosigkeit zu verlieren glaubt! Hier ist Friede, Reinheit, Schönheit, – hier schläft Ruhm!»

Tatsächlich galten die Masuren zu Anfang des zwanzigsten Jahrhunderts als besonders patriotisch. Der Vertrag von Versailles hatte verfügt, dass in Masuren darüber abgestimmt werden sollte, ob es weiter zu Ostpreußen oder in Zukunft zu Polen gehören wollte. Die Mehrheit für einen Verbleib im Reich war überwältigend, in den meisten Kreisen lag sie bei 99 Prozent. Siegfried Lenz hat den Tag der Abstimmung in seinem Roman «Heimatmuseum» sehr anschaulich beschrieben und dabei das erstaunliche Ergebnis plausibel gemacht: «Wer Masure und erwachsen war, durfte seine Stimme wahlweise in der Jungen- oder in der Mädchenschule abgeben, beide waren als Abstimmungslokale eingerichtet, beide waren von Bersaglieri-Trupps gesichert, und vor beiden grünten, aus

Tanne und Birke gewunden, nur mit Pflöcken gesichert, die sogenannten Ehrenpforten, durch die jeder schritt, der deutsch stimmen und dies auch gleich öffentlich bekunden wollte. Viele, die es schon hinter sich hatten, hielt es wie angebunden auf den Schulhöfen, in Grüppchen standen sie da, rauchend, plachandernd, jedoch stumm und argwöhnisch zu Stimmberechtigten hinüberlinsend, die dem Backsteingebäude gerade zustrebten. Sonja Turk, die sich für die Jungenschule entschieden hatte, ging auf die Ehrenpforte zu, pflückte sich ein Birkenästchen heraus, scherte in knappstem Wendemanöver um die Pforte herum und hatte fast den Eingang erreicht, als ihr zu unserer Verblüffung Onkel Adam den Weg verlegte. Ob ihr bewusst sei, was sie da zum Ausdruck gebracht habe, wollte er nach angedeutetem Gruß wissen. Ob sie vielleicht nicht durch die Ehrenpforte geschritten sei, weil sie sich entschlossen hätte, die Stimme an die Polen wegzuwerfen, wollte er wissen. Und schließlich – aber das war nur Eingeweihten verständlich – wollte er auch wissen, ob sie ihre private Zweideutigkeit auch aufs Politische ausdehnen wollte.»

Zunächst aber zurück zu Max Simoneit, dessen Wahl sicher eindeutig ausgefallen wäre, und zurück zu seinem Reiseführer aus der Zwischenkriegszeit, speziell zum Kapitel über Nikolaiken: «Der Aufenthalt für Fremde muß als reizvoll dargestellt werden: Eine landarme Bevölkerung arbeitet mühselig um das tägliche Brot – aber ist mit dem Wasser innig verwachsen.» Was man vom Dampfer aus schön sehen könne. Wer aber die mühselig ums Brot kämpfenden Einheimischen näher betrachten wollte, der konnte in der Jugendherberge des Ortes unterkommen («Anmeldung bei Frau Superintendent Baartz»). Zwei Gasthäuser luden den Fremden zu Tisch.

31

Das sah heute freilich anders aus. Bei meinem Rundblick über den Marktplatz stellte ich fest, dass ich manches Lokal beim ersten Augenschein übersehen hatte, unter anderem das «Caffè Venezia». Ob dieser Name wohl als Reverenz an Nikolaiken als dem «Venedig Masurens» gedacht war? Wobei sich, wenn man ehrlich war, nur die Verbindung zwischen Nikolaikensee und Talter Gewässer, an der die evangelische Kirche liegt, als Kanal bezeichnen ließ. Auch gab es hier keine Gondeln, sondern hauptsächlich kleine Segel- und große Motoryachten. Außerdem einige Tretboote. Das gegenüberliegende Ufer des Sees gehörte zwar ebenfalls zu Nikolaiken, lag aber im Dornröschenschlaf; eine Bude mit geräuchertem Aal fand sich dort, die Tankstelle des Ortes, der Stadtstrand und die üblichen drei Dutzend *pokojes*, also Privatzimmer, und auch eine zweite kleine Marina. Das Herz Nikolaikens aber schlug auf der östlichen Uferseite.

Oder?

Während ich dasaß, auf das «Caffè Venezia» schaute und einen griechischen Salat aß – Griechen waren weit und breit allerdings nicht zu sehen –, fragte ich mich, wie es um dieses Herz bestellt war, wofür es schlug.

Lebendig war das Städtchen zweifellos, geschäftig allemal, und auch an Nachwuchs fehlte es nicht. Trotz der vielen älteren Touristen überwog der Eindruck, in einer sehr jungen Stadt zu sein. Aber ein Herz, ein pulsierendes Zentrum, war nicht zu finden, kein Lokal, in dem man sich versammelte und unter sich war, kein Park, in dem man miteinander plauschte und plachanderte. Das architektonische Durcheinander und das stadtplanerische Chaos setzten sich im Alltagsleben fort. Mochten die sozialen Bande auch so eng sein wie sonst irgendwo, fehlte es doch anscheinend an einem gemeinschaftlichen Willen, der erstens der Stadt ein einheitliches Gepräge und zweitens dem Miteinander eine gewisse Form verliehen hätte.

Kein Ort, kein Platz, kein Raum des bürgerlichen Zusammenseins, kein Stammtisch, keine Häkelrunde. Kein Lokal, in dem man einfach nur sein Bier, seinen Kaffee miteinander trank. Alles war vom Geschäft mit den Touristen durch- und mit den Touristen selbst besetzt.

Das Herz, es schlug für den wirtschaftlichen Aufstieg. Davon zeugte auch die ungeheure Betriebsamkeit, die sich nach und nach breitmachte. In den letzten Wochen hatten immer neue Bars und Lokale eröffnet, mit einem Mal standen Buden dort, wo ich zuvor nichts bemerkt hatte, nicht nur der Marktplatz, auch mehrere Stichstraßen wurden neu gepflastert, die Kajka-Straße hatte jüngst neben einer neuen Asphaltdecke neue Bürgersteige und Straßenlaternen erhalten. Immer weitere Souvenirstände schossen aus dem Boden, immer neue Restaurants und Eisdielen wucherten aus den unscheinbarsten Ecken.

Obwohl Nikolaiken schon zu kommunistischen Zeiten als beliebteste Sommerfrische Polens galt, obwohl es seit Jahren stetig bergauf ging, herrschte auch heute noch der Eindruck vor, jetzt würde es erst richtig losgehen. Überall wurde derart geschraubt, gebohrt, gehämmert, gesägt, geschliffen, dass es staunen machte. Hier war, so schien es, mehr los als in mancher Großstadt. Aber dann war auch wieder gar nichts los. Trotz der vielen tausend Touristen, die alljährlich herkamen, gab es keine einzige Galerie, abgesehen von dem der polnischen Reformation kein Museum, nicht einmal ein kleines Heimat- oder Masurenmuseum. Es gab keine Bibliothek und auch im Schreibwarenladen nur eine Handvoll Bücher (ich sah wochenlang keinen Menschen lesen), es gab Musik nur in ihrer schrecklichsten Konservenform (mit einer Ausnahme, aber davon später).

Offenbar traf das Sprichwort immer noch zu: «Wo sich aufhört die Kultur, da sich anfängt der Masur.»

Als mir eines Tages der Lesestoff ausging und ich meinen Wirt fragte, ob er vielleicht ein deutsches oder englisches Buch hätte, das er mir leihen könne, schaute er mich voller Unverständnis an: «Zum Lesen?» Und wiederholte es noch mehrmals: «Einfach so, zum Lesen?» Dazu führte er eine das Seitenumblättern symbolisierende Handbewegung aus, um auch wirklich, ob dieses exzentrischen Ansinnens, ganz sicherzugehen.

Aber klar, das Lesen ist ein Luxus, den man sich erst einmal leisten können muss. Und die Saison in Masuren ist kurz. Die meisten Touristen kommen erst Ende Juni, und im September sind sie auch schon wieder verschwunden. Wer in drei Monaten das Geld fürs ganze Jahr verdienen muss, denkt zumindest in dieser Zeit nicht an entspannte Romanlektüre.

Und dennoch. Für ein, zwei Wochen mag man es so aushalten und vielleicht sogar genießen. Aber wie, dachte ich über meinem griechischen Salat, konnte man auf Dauer so leben? Ohne einen Ort, an dem man mit anderen zusammenkommt? Ohne einen Austausch über mehr als das eigene alltägliche Leben? Denn nicht nur fehlte im Stadtbild das Buch, es fehlte auch der Zeitungsleser. Zwar liefen auf den Flachbildschirmen, die in einigen Lokalen wie riesige Gemälde an den Wänden hingen, hin und wieder Nachrichten, das aber in der Regel ohne Ton (die akustische Untermalung, die sogenannte Musik, pflegte aus dem Radio zu kommen).

Wo und wie erfuhr der Masure, was in der Welt vor sich ging? Mit wem unterhielt er sich darüber? Daheim, in der Familie, gewiss, das könnte man annehmen, und vielleicht, dachte ich, fände ich es auf meiner Reise noch heraus.

Bevor ich aufbrach, kam es am Nebentisch zum Streit. Zwei elegante Paare hatten sich dort niedergelassen, der Tisch war reserviert, das Essen bereits vorbereitet, ein Geschäftsessen, so sah es aus, die Herrschaften in Anzug und Kostüm, offensichtlich gehörten sie zur tonangebenden Fraktion im sonst so egalitär anmutenden Nikolaiken. Da parkte ein Wagen direkt vor der Terrasse des Restaurants, was einem der Herren nicht zu passen schien. Sehr von oben herab legte er sich mit dem Fahrer an, der Zigarettenkisten beim Supermarkt nebenan abliefern wollte. Es wurde ziemlich hässlich und heftig, ein Sieger aber ließ sich nicht ausmachen. Vom Nebentisch zu meiner Rechten lächelte mir ein Mann verschwörerisch zu: Was für eine Show.

Ich zog mich erst einmal zu einem Mittagsschläfchen zurück, träumte von Bibliothekssälen, durch die Gondeln glitten, und machte mich hernach auf, die Randbereiche der zentralen Achsen Uferpromenade/Kajka-Straße in Augenschein zu nehmen. Zwischen den beiden Straßen gab es eine Art Passage mit einem Spielzeuggeschäft, einer Immobilienagentur, einem Computerdienstleister, außerdem ein kleines Amphitheater, das sich zum Fluss hin öffnete. Während meiner Wochen in Nikolaiken aber wurde es nie bespielt.

Oberhalb der Kajka-Straße ein weiteres Geschäftsviertel mit Supermärkten, Restaurants, Bernsteinverkäufern und Seglerbedarf. Außerdem, etwas abseits, ein offener Markt mit hölzernen Ständen, an denen Gemüse und Obst feilgeboten wurden, Kleider und Hüte aller Art, *made in China*, zu Pfennigbeträgen, zudem Angeln und Jagdgewehre. Ich entfernte mich noch weiter vom See und entdeckte dabei, hinter einem großen Parkplatz, einen riesigen Bau, ein Trumm von anno dazumal, dessen dreckiges Gelb dringend eine Auffrischung gebrauchen konnte. Darin war, außer einem Kindergarten, wie ich zu meiner Überraschung feststellte, eine Bibliothek untergebracht. Es wurde also doch gelesen in Nikolaiken.

Langsam näherte ich mich dem östlichen Ortsausgang. Hier lag der eng belegte Friedhof: viele Namen, die ihren deutschen Ursprung nicht verbergen konnten – Hammerszmid etwa, aber kaum deutsche Inschriften. Mir fiel nur eine auf: «Hier ruht in Gott unser liebes Muttchen Auguste Grigo 1884–1955.»

Am Ende des Friedhofs rutschte ich einen Hang hinunter zum stillgelegten Bahnhof. Das Schotterbett, vor kurzem noch ein Blütenmeer, lag nun vertrocknet da. Ich ging die Schienen entlang zurück ins Zentrum und erblickte dabei etwas, das sich eigentlich nicht vergessen ließ und das ich trotzdem völlig vergessen hatte: das größte, das mächtigste Gebäude Nikolaikens, das Hotel Gołebiewski.

So groß, dass es mehrere Ordensritterburgen mühelos hätte schlucken können, lag es am westlichen Ortseingang Nikolaikens, auf der anderen, dem Hafen gegenüberliegenden See- beziehungsweise Kanalseite. Von dort aus sah man den riesigen Kasten, das größte Hotel Polens, zum Glück nicht; hinter einer leichten Erhebung liegend, kam es vom Ort aus überhaupt und dankenswerterweise nur selten in den Blick.

Schlicht und mächtig und von nahem von einer gewissen Schäbigkeit, passte es wie so vieles in diesen Gefilden nicht so recht in die Landschaft. Dabei wollte es durchaus großtun – die Preise waren enorm, und der Gast sollte sich im Luxus fühlen. Dabei schepperte aber auch hier billige Musik aus den Ladengeschäften bis hinein in den Eingangsbereich, wo gepflegte Pianomusik eigentlich internationales Flair verbreiten sollte. Dazu die obligatorischen Kronleuchter. Ein Trauerspiel.

Also wanderte ich zurück zum See, ans beliebte und inzwischen sehr belebte Ostufer. Immer mehr Stände säumten den Weg, es gab Kapitänsmützen zu kaufen, Piratenkappen, Augenklappen, Totenkopfringe, Totenkopfketten, Herzchen, Stofftierchen, Holzbötchen, Tücher, Perücken, T-Shirts, Wasserskier, Kerzen, Keramikwindmühlen, Sonnenbrillen, Strohhüte, Schlüsselanhänger, Badehosen, Unterhosen, Hemden, Hosen, Kleider, Taschen, Bikinis, Segelschuhe, Badelatschen, Gürtel, Gummitierchen, Schneekugeln, Plastikschwerter, Tassen, Krüge, Teller, Mobiles, Spazierstöcke, Plastikäxte und -gewehre.

Während ich dastand und all das notierte, merkte ich, wie mich ein großer, breiter, blonder Mann anstarrte. Ich schaute auf, erkannte ihn kaum, da rief er schon: «Deutschland! Klops!», riss mir das Notizbuch aus den Händen und befahl: «Schreiben: Adam ist gut. Suchi ist gut», und zeigte dabei auf seinen Begleiter und dessen Hund. Doch bevor ich dem Befehl Folge leisten konnte, nahm mir Pawełs Begleiter auch noch den Stift weg und malte seinen Hund ins Notizbuch. Eine künstlerisch nicht ganz ausgereifte Zeichnung.

– Was habt ihr vor heute Abend?, fragte ich.

Eine dumme Frage.

– Trinken!

Paweł machte die entsprechende Handbewegung.

– Ihr geht nicht aus, Disco oder so?

– Pah, Disco. Trinken!

So blieb auch mir nichts anderes übrig, doch empfand ich es durchaus als würdigen Abschluss meiner Reise durch Nikolaiken.

Das Vaterschloss

Masuren lag, so Siegfried Lenz, immer im «Rücken der Geschichte»: Es habe, schreibt er im Nachwort zu seinem 1955 erstmals erschienenen Erzählungsband «So zärtlich war Suleyken», «keine berühmten Physiker hervorgebracht, keine Rollschuhmeister oder Präsidenten; was hier vielmehr gefunden wurde, war das unscheinbare Gold der menschlichen Gesellschaft: Holzarbeiter und Bauern, Fischer, Deputatarbeiter, kleine Handwerker und Besenbinder. Gleichgültig und geduldig lebten sie ihre Tage, und wenn sie bei uns miteinander sprachen, so erzählten sie von uralten Neuigkeiten, von der Schafschur und vom Torfstechen, vom Vollmond und seinem Einfluß auf neue Kartoffeln, vom Borkenkäfer oder von der Liebe.»

«Brachen neue Zeiten an», heißt es auch bei Arno Surminski, und zwar in seiner Erzählung «Die Reise nach Nikolaiken», «erreichten sie Masuren mit gehöriger Verspätung, so um die Vesperzeit, nachdem sie sich unterwegs ausgetobt hatten. Das elektrische Licht wurde ein Menschenleben später erfunden, das Telefon blieb lange stumm, die Ozeandampfer erreichten die Masurischen Seen nicht, und von den ersten Automobilen wird berichtet, daß sie den Dienst verweigerten, als sie der masurischen Wildnis ansichtig wurden.»

So entrückt vom Rest der Welt Surminski und Lenz Masuren darstellen, könnte man auf die Idee kommen, sie berichteten einzig von einer idealisierten Kinderwelt. Tatsächlich haben weder der 1926 in Lyck/Ełk geborene Lenz noch der acht Jahre später in Jäglack/Jegławki geborene

Surminski Masuren als Erwachsene erlebt; die Geschichte dieser Region aber tritt in ihren Erzählungen und Romanen dann doch immer wieder und häufig wie aus dem Hinterhalt hervor. In die so ärmliche wie anmutige Idylle brechen dann Hunger, Krieg und Verzweiflung ein.

«Im Rücken der Geschichte» bedeutet eben nicht, dass hier keine Politik betrieben wurde: Während des vierzehnten Jahrhunderts schon hatten die Ritter des Deutschen Ordens den Großteil jener Orte gegründet, die auch heute in Masuren eine gewisse Rolle spielen: 1314 Gilgenburg, 1324 Osterode, 1337 Lötzen, 1349 Soldau, 1359 Hohenstein und 1381 Neidenburg.

Wenige Jahre später aber, 1410, erlitten die Ordensritter eine schwere Niederlage. Das polnisch-litauische Heer von König Władysław II. Jagiełło hatte sie bei Tannenberg besiegt. In Polen spricht man von der Schlacht bei Grunwald, und Grunwald ist seitdem so etwas wie eine Chiffre für nationale Selbstbehauptung. Umso wichtiger ist dieses Datum, als Polen selbst immer wieder mit Niederlagen und dem drohenden Verschwinden zu kämpfen hatte – nachdem es im sechzehnten Jahrhundert zur Großmacht herangewachsen war, führten die drei polnischen Teilungen dazu, dass es als eigenständiger Staat für über ein Jahrhundert von der Landkarte verschwand.

Der Deutsche Orden dagegen konnte sich trotz der Niederlage in Ostpreußen halten, ja erst einmal änderte sich die Lage für ihn kaum. Es wurden weiter Orte gegründet, Siedler angeworben, Burgen ausgebaut. Gut hundert Jahre später aber hatte sich das Ordensland dann überlebt. Die Reformation, die in diesem Teil Europas so schnell Verbreitung fand, setzte der Herrschaft der Ritter ein Ende. Auf Anraten Martin Luthers trat der Hochmeister des Ordens, Albrecht von Hohenzollern-Ansbach, zum evangelischen

Glauben über, huldigte dem polnischen König und verwandelte den Gottesstaat in ein weltliches Herzogtum. Es entstanden damit das erste Lehnsverhältnis zwischen einem protestantischen Fürsten und einem katholischen Lehnsherrn und zugleich der erste protestantische Staat überhaupt.

Albrecht regierte dreiundvierzig Jahre lang als erblicher Herzog, hinterließ allerdings einen regierungsunfähigen Sohn. Nach dessen Tod übernahmen dann die kurfürstlichen Brandenburger, die sich zuvor schon eingemischt hatten, endgültig das Land. Bald auch gelang es dem Großen Kurfürsten Friedrich Wilhelm trickreich, die volle Souveränität für Preußen, das spätere Ostpreußen, zu erlangen: Erst verbündete er sich mit den Schweden, um die polnische Lehnsherrschaft abzuschütteln. Dafür musste er die schwedische Lehnsherrschaft in Kauf nehmen, und um die wiederum loszuwerden, stellte er sich erneut – die Seitenwechsel erfolgten innerhalb von bloß zwei Jahren – auf die Seite von Polen. So erlangte er für Preußen volle Souveränität.

Für Masuren hatte diese Politik jedoch böse Folgen: Nachdem sich der Große Kurfürst auf die Seite der Schweden geschlagen hatte, fielen polnisch-litauische Heere in Masuren ein und verwüsteten das Land, über die Hälfte der Bevölkerung fand den Tod, Tausende wurden verschleppt, ganze Ortschaften ausgelöscht.

Besonders hervor taten sich bei diesen Verheerungen die sogenannten Tataren, von der Krim stammende Söldner und Sklavenfänger in polnisch-litauischen Diensten. In drei Schüben kamen sie über das Land; vom zweiten berichtet Andreas Kossert in seiner Geschichte Masurens: «Diesmal traf es vor allem das Hauptamt Neidenburg. Die Städte dieser Landschaft – Gilgenburg, Soldau, Willenberg und Passenheim – brannten nieder. In Muschaken wurde der Pfarrer Elias Vulpius massakriert. In Passenheim drangen sie über den bis 1945 als Tatarenweg bezeichneten westlichen Zugang bis vor die Mauern der Stadt.» Anfänglich, schreibt Kossert, schien es, als könnten die Passenheimer die überlegenen Feinde abwehren, doch dann hätten sie einen Ausfall aus der befestigten Stadt gewagt, der ihnen zum Verhängnis wurde. Die tatarischen Belagerer nahmen die Stadt in Besitz und ermordeten alle, derer sie habhaft werden konnten. Am 19. Dezember 1656 schließlich ging Passenheim in Rauch auf.

In Masuren fand in dieser Zeit die Hälfte der Bevölkerung den Tod; im Königreich Polen starben in kaum fünf Jahren prozentual so viele Einwohner wie in Deutschland während des gesamten Dreißigjährigen Krieges. Die Städte verloren dabei zwei Drittel ihrer Bevölkerung und drei Viertel ihrer Handwerker. Erst um die Mitte des neunzehnten Jahrhunderts sollten sie wieder das Bevölkerungsniveau von 1655 erreichen.

Die Große Pest trug zu Anfang des achtzehnten Jahrhunderts dazu bei, die masurische Bevölkerung erneut und weiter noch zu dezimieren. Gab es im Hauptamt Rhein 1704 beispielsweise 224 Todesfälle, so stieg die Zahl sechs Jahre später auf 6789 – bei bloß 329 Taufen. In Lötzen überlebten nur zehn Prozent der Bevölkerung die Epidemie.

An die Pest erinnert heute gleichwohl nichts mehr, an das Tataren-Trauma immerhin der «Tatarenstein» bei Neidenburg. Mit diesem Stein verbindet sich eine kleine Sage: Das tatarisch-polnische Heer hatte die Stadt belagert, es war ein ruhiger Tag, und man ließ sich gerade zum Essen neben einem großen Findling nieder. Da zielte der Neidenburger «Meisterschütze» Nowak mit einer Kanone auf ebendiesen Findling, schoss und traf den Führer der Ta-taren. Dessen Leute bekamen es daraufhin mit der Angst zu tun und hoben die Belagerung auf.

Ich glaubte kein Wort davon und machte mir nicht ein-mal die Mühe, hinaus vor die Stadt zu laufen, um mir den Stein anzusehen. Lieber wollte ich Neidenburg selbst ken-nenlernen, diese Stadt im äußersten Südwesten Ostpreu-ßens, jener Gegend, die von jeher als ärmster Teil Masu-rens galt.

Heute sah Neidenburg auf den ersten Blick aus wie jede andere Stadt der Region, mit fünfzehntausend Einwoh-nern ohnehin eher ein Städtchen, mit dieser typischen Mi-schung aus niedrigen Plattenbauten, pappkartonartigen Einfamilienhäuschen, Überresten der lang vergangenen Steinbauära und in undefinierbaren Farben verputzten Ladengeschäften. Der Marktplatz war, wie hier üblich, zu einem Parkplatz geworden; immerhin das Rathaus stand noch. Ich erkundigte mich, ob es jemanden gäbe, der mich herumführen könnte. Man telefonierte und schickte mich auf die Burg hinauf, die auf einem Hügel am Rande der Stadt stand. Dort trat hinter einem Postkartenständer ein Mann hervor, der sich als Krysztof vorstellte, doch leider bedauerte, mir nicht die Stadt, nur die Burg zeigen zu kön-nen. Ich aber wollte mehr über die Stadt, weniger über die Burg erfahren und verabschiedete mich. Da kam er mir nachgelaufen, vielleicht könne man doch etwas machen, er habe nicht viel Zeit, bis um elf, das ginge.

Dann begann er, in heftigem Stakkato auf mich einzu-reden: «Ist Burggraben, ist zwanzig breit, zwei dunkel, ist Kugel in Mauer, Moment, Ordensritter zwölf. Sind zehn mal zwölf, hundertzwanzig Ordensritter. Burggraben hier sehen, Türme, Toilette, Warschau.»

Während er so redete, als würde ihm jemand eine Pisto-

le an den Kopf halten, als wäre er selbst eine Art fleisch-
gewordenes Maschinengewehr, flog seine untere Zahn-
prothese wild hinauf und klackte unablässig und mit
großem Schwung gegen die oberen Schneidezähne. Ge-
schickt wusste seine Zunge sie immer wieder im Zaum zu
halten und an ihren angestammten Platz zurückzudrängen.

Ein grauer Mann eigentlich, dessen wollene Jacke äußerst muffig roch. Nie hätte ich ihm so viel Lebendigkeit
zugetraut, doch er redete sich, während wir von der Burg
hinunter in die Stadt liefen, immer mehr in Rage: «Wenn
deutsch, Hindenburgstraße, Sparkasse, heute polnisch,
Restaurant, Wodka. Ist zerstört fünfunddreißig, nein,
fünfundneunzig Prozent, Russen brennen, General Samsonow, Post – Altstadt – Burggraben, zwanzig breit, zwei
dunkel, neun Türme, sehen, heute drei.» Zwei dunkel, so
viel verstand ich, bedeutete, dass der Burggraben zwei Meter tief war, und Tiefe mit Dunkelheit in Verbindung zu
bringen, das gefiel mir. Ansonsten aber blieb mir die Rede
meines Fremdenführers über weite Strecken ein Rätsel.

Auch brauchte ich eine Weile, um zu begreifen, dass
Neidenburg von russischen Truppen bereits 1914 nieder-
gebrannt worden war, nicht erst 1945, «Samsonow», sagte
Krysztof immer wieder und rüttelte am Arm des begriffs-
stutzigen Besuchers, «Samsonow, Russen brennen». Dass
Samsonow kein General der Roten Armee war, sondern der
zaristischen, und sich nach der verlorenen Schlacht bei
Tannenberg am 30. August 1914 selbst tötete, fiel mir erst
später ein.

Als wir den Burgberg verlassen hatten und die Straßen
der Stadt entlanggingen, begann Krysztof dann, Gedichte
zu rezitieren, eins ums andere und alle in rasender Geschwindigkeit und ohne Betonung. Aus einem alten Kalender, wie er sagte, von seiner Mutter, Gedichte auf die

schöne Heimat, und eins auch von Alexander Solscheni-
zyn, dessen Sinn mir gänzlich verschlossen blieb. Nur einige Verse von Ferdinand Gregorovius auf «Schloß Neidenburg», die Ordensburg der Stadt, konnte ich später
nachvollziehen:

Die alte Burg der Neide,
Der Heimat Stolz und Freude,
Sie will ich preisen hoch.
Ich bin aus ihrem Turme
Ein Falk, der sich im Sturme
Ins weite Land verflog.

Die Türme, die da ragen
Aus alten Rittertagen
So fest und trutziglich.
Sie waren meine Meister,
Die deutschen Heldengeister,
Die einst erzogen mich.

Ein ahnend Weltbesinnen
War's, das von jenen Zinnen
Mir in die Seele floß;
Was ich gesagt, gesungen,
Hat sich hervorgeschwungen
Aus dir, du Vaterschloß.

Ich werd' dich nimmer sehen,
Auf grünem Berg nicht stehen
Am dunklen Eichenbaum;
Nicht sehn die Wolken reisen,
Die Schwalben dich umkreisen
Wie sonst im Kindheitstraum.

Über Gregorovius wusste Krysztof noch zu berichten, er habe «geschrieben elf Tome Rom», also elf Bände über die Geschichte Roms, eine gelinde Übertreibung, die womöglich Krysztofs Unsicherheit im deutschen Zahlenwesen geschuldet war.

Tatsächlich war Gregorovius, 1821 in Neidenburg geboren, der berühmteste Gelehrte, den Masuren hervorgebracht hat. Er stammte aus einer angesehenen Juristen- und Pfarrersfamilie, sollte ebenfalls Pfarrer werden, entschied sich während seiner Studienzeit in Königsberg aber – wie alle Masuren, die etwas werden wollten, musste er die Heimat verlassen – dafür, seiner Leidenschaft fürs Reisen, Schreiben und für die Geschichte nachzugehen.

Wobei es «Geschichte» nicht ganz trifft. Die akademischen Historiker seiner Zeit waren jedenfalls nicht bereit, Gregorovius als einen der ihren anzusehen. Zu «literarisch» war sein Stil. Man verbindet mit ihm auch heute vor allem den Begriff des «historischen Landschaftsbildes».

Tatsächlich verstand Gregorovius es auf einzigartige Weise, Geschichte mit Blick auf ihren Ort lebendig werden zu lassen, und umgekehrt belebt sich die Landschaft, wenn Gregorovius auf ihre Vergangenheit schaut – beide sind für ihn untrennbar miteinander verbunden. So schreibt er über seinen Studienort Königsberg: «Wenn also die Zeit gekommen ist, wo dem deutschen Schulmeister die herrliche Walpurgisnacht, der Ferienanfang, in den Gliedern zu spuken beginnt, und wo man, wie Jean Paul sagt, allerwegen die gebückte Creatur sich vom Boden aufrichten und den Himmel anlächeln sieht, dann wird dies öde Königsberg lebendig; es schüttelt den Stubenstaub von den Kleidern und wandert zur Villeggiatur nach seinem samländischen Albano, seinem Aricia und Nemi. Zu Roß, zu Fuß, zu Wagen geht es Tag aus Tag ein durch das Steindammer Thor. Dort vor dem Thore liegt auf einem Ackerland an einer Allee der Humor Königsbergs begraben. Dort rupfen auf dem Grabe Hippel's muntere Ziegen das Gras aus, eine würdige Satyrgesellschaft auf der Gruft dieses schlafenden königsberger Faun. Hippel würde sich verwundern, sähe er diese Wanderzüge seiner nachgeborenen Mitbürger. Denn zu seiner Zeit wußte Königsberg weder, daß nur fünf Meilen entfernt ein reizender Strand läge, noch gab es überhaupt ostpreußische Badeörter. Nur der kurische Fischer in seinem Friesrock und in der blauroten Kappe brachte den Stör und den Dorsch zu Markt, der Händler brachte den Bernstein und der Forstmann das Reh, den Hirsch und das Elennthier. Das ist also königsberger Cultur in aufsteigender Linie. Unsere Vorfahren zur Zeit Hippel's, Kant's und Hamann's waren echte Pfahlbürger. Sie lebten eingepfercht in der düstern Hochmeisterstadt, und wenige kannten das mit der Stadtcultur steigende Bedürfniß eines Gegensatzes zu dem Leben in den Mauern, das Bedürfniß einer Sommerreise, eines Bades im Meere, eines Sommerhäuschens in der freien Natur.»

Gregorovius selbst war von früh an getrieben, den Mauern seiner ostpreußischen Heimat zu entkommen, zuerst im Geiste, dann mit allen Gliedern. Als Siebenundzwanzigjähriger verfasste er «Die Idee des Polentums. Zwei Bücher polnischer Leidensgeschichte», und man erkennt schon am Titel die polenfreundliche, freiheitsfeiernde Tendenz des Werkes.

Er reiste nach Korsika und kam nach sieben Wochen mit einer Geschichte der Insel Napoleons zurück (in immerhin zwei Bänden). Schließlich ließ er sich, nachdem ihm mit seinen «Wanderungen in Italien» einiger Erfolg beschieden war, in Rom nieder und arbeitete die nächsten zweiundzwanzig Jahre an einer (fünfbändigen) «Geschichte der Stadt Rom im Mittelalter».

Nebenbei entstanden ähnlich der zitierten «Idylle vom baltischen Ufer» zwei essayistische Kabinettstückchen, die Korfu und Capri zum Gegenstand haben. In letzterem – Gregorovius steht als Beobachter auf einer Anhöhe gleich bei Korfu-Stadt und blickt nicht nur aufs Meer und hinüber Richtung Festland, er wirft zugleich einen Blick in ferne und nähere Vergangenheit – heißt es: «Hier auf den Burgklippen der Phäakeninsel ist auch ein Aussichtspunkt, von dem herab durch das Fernrohr der Geschichte zu sehen vielleicht noch lohnender ist als am Goldenen Horn bei Byzanz. Denn dieser schöne Sund ist die alte Wasserstraße zwischen Italien und Griechenland, zwischen Europa und Asien, durch den die Flut der Völkerbewegung sich Jahrhunderte hindurch hin- und hergewälzt hat. In lauter Flottenzügen auf diesem Kanal ließe sich nicht nur das Schicksal der Insel Korfu, sondern ein großer Teil der Weltgeschichte darstellen. Es ist Weltgeschichte zu Schiff, was da an unserem Auge vorbeizieht.»

Wenn sich auch überall auf der Welt die Völker gegenüberstanden und zuweilen gerne gemischt haben, so hatte Masuren einen derart historisch und kulturell aufgeladenen Sund nicht zu bieten. Dennoch vergaß Gregorovius seine Heimat keineswegs. Sein Dankgedicht auf die heimische Neidenburg war durchaus ernst gemeint. Auch an anderer Stelle billigte er dem «ehrwürdigen Schloß» zu, «ein großer Faktor in meiner kleinen Lebensgeschichte» gewesen zu sein: «Es geht davon ein Bezug auf die Engelburg in Rom. Ohne jene Neidenburger Rittertürme hätte ich vielleicht die Geschichte der Stadt Rom im Mittelalter nicht geschrieben.» Gestorben ist er schließlich 1891 in München.

«Elf Tome Rom», hatte Krysztof gesagt. Jetzt gingen wir durch die Stadt, und er gab Persönliches preis: «Mutter deutsch, Vater Polizist Zweiter Weltkrieg, verboten sprechen Deutsch, Sibirien, erste Liebe Deutschland, Buchhalterin, 1976 Jahre, Setzer erster Beruf, heute Computer, oh, ah, pah!»

Nachdem er eigentlich keine Zeit für mich gehabt hatte, wollte die Führung nun kein Ende nehmen. Überdies würzte mein Führer seine Rede zunehmend mit immer rätselhafteren Lauten. Er schleppte mich wieder hinauf zur Burg und durch deren renovierte Räume: «Luft heiß, oben Roggen, oh, das ist Norden, ah, dreißig Kilometer Ortelsburg, pah, Westen, zweiunddreißig Gilgenburg. Ritter, Toilette, dunkel, brr, Warschau, pfft.»

Dabei zupfte er mich unablässig am Arm, brachte sein Gesicht immer näher an meines, sodass ich flach atmen musste, um den Geruch seiner mittelalterlichen Wolljacke nicht in mich aufzunehmen, vergeblich. Immer näher kam er mir mit seinem Mund, und ich sah die Prothese immer wilder rauf und runter schnappen, ein wildgewordenes Nussknackergebiss: «Hier privat, oh, ah, schwer, dunkel, breit, Balken nicht original-natural, russisch Soldaten brennen, pah.»

Wie in Trance sagte ich zu allem: «Ja, ja, verstehe», beobachtete hypnotisch gebannt die Prothese auf ihrem Weg durch Krysztofs Mund. Immer drängender redete er auf mich ein, zog mich am Ärmel, überschüttete mich mit Informationen, die ich längst nicht mehr verstand, zwang mich noch einmal hinauf bis in den obersten Turm, weil er beim ersten Mal vergessen hatte, mir dort irgendetwas zu zeigen, und redete weiter und weiter in seinem Maschinengewehr-Stakkato, bis, nun ja, bis es irgendwann aufhörte, ich auf einer Bank im Innenhof zusammenbrach und Krysztof mit einem ernsten Nicken hinter dem gleichen Postkartenständer verschwand, hinter dem er einst hervorgekommen war.

Plötzlich war es ruhig. Ich schloss für einen Moment die Augen, und als ich sie wieder öffnete, befand ich mich allein im schmalen Innenhof der Neidenburg. Kein Bibliotheksbesucher, der die hölzerne Treppe in den ersten Stock hinaufgestiegen wäre, kein Gast des Burghotels zu sehen, niemand, der die Galerie gleich zu meiner Linken hätte besichtigen wollen. Hoch ragten die Mauern, hoch hinauf auch zog sich das pfannengedeckte Dach des Nordflügels. Oder war es der Ostflügel?

Im schmalen Trichter des Innenhofs war die Sonne nicht zu sehen, der Himmel, ein blauer Deckel, überall gleich; abgeschnitten war man von der Außenwelt, kein Laut drang herein. Doch das machte nichts, es ging etwas Beruhigendes von diesem höhlenartigen Ort aus. Ich fühlte mich geborgen. Also schloss ich die Augen wieder, lehnte meinen Kopf an die kühlen Steine und lauschte der Stille, die sich nach all den Schlachten, die hier geschlagen worden waren, längst und, so schien es mir, nun für immer über diesen Ort gesenkt hatte.

Auto serwis

Ich blieb noch eine Weile in Nikolaiken, in meiner kleinen Pension, lief von dort zum Lucknainer See, radelte nach Popiellnen, nahm den Bus nach Sensburg, eine Bahn gab es schließlich nicht, und ein Auto, dachte ich, das wäre unsexy. Allerdings gab es zahlreiche Orte in der Umgebung, deren Namen überaus verheißungsvoll klangen, die aber dreißig, vierzig Kilometer weit draußen im Niemandsland lagen und von keinem Bus angesteuert wurden. Die wollte ich sehen. Nur wie? Lange rang ich mit mir, dann dachte ich: Was soll's, besorgte mir ein Auto und fuhr los.

Ich fuhr viel. Ich fuhr kreuz und quer durch Masuren. Es war wie im Rausch. Stundenlang konnte ich dahinfahren, nein dahingleiten, still und stumm, ein Taucher unter Wasser. Ja, das Auto war meine Blase, meine zarte Hülle, eine zweite Haut, die ich um meinen Körper gelegt hatte.

Ich genoss es. Hatte ich vor meiner Reise ein Video gesehen, das eine zwanzigminütige Fahrt von einem masurischen Dorf zum nächsten zeigte, mit nichts als Wäldern rechts und links über die gesamte Strecke, und hatte ich mich gefragt, ob ich diese schönen Wälder wohl auch sehen würde, diese wundervolle Straße, so sah ich nun nichts anderes. Stunden- und tagelang durchquerte ich, allmählich ohne jedes Zeitgefühl, diese Wälder. Die sanft geschwungenen Straßen schaukelten mich dabei wie ein Baby. Ja, das Auto war meine Wiege, in ihm fühlte ich mich gut aufgehoben, in ihm schwebte ich gemächlich dahin.

Natürlich war es um die Straßen nicht immer zum Besten bestellt. Einspurig waren sie, niemals zweispurig, häufig von tiefen Spurrillen geprägt, Spurrinnen oder sogar Spurgräben, so tief, dass man Angst haben musste, mit dem Unterboden aufzusetzen. Wenn es regnete, wurden sie zu Abflussrinnen, ja Kanälen, die bald auch den Rest der Straße überfluteten.

Regenfälle erlebte ich in Masuren, wie ich sie mein ganzes Leben noch nicht erlebt hatte. Einmal brach es so heftig über mich und mein Auto herein, dass ich sofort rechts ranfahren und anhalten wollte. Aber da war es schon zu spät, ein Rechts gab es nicht mehr; um mich herum nur eine einzige graue Regenwand. Nichts war zu sehen, nicht hinten, nicht vorne, nicht an den Seiten. Ich schaltete alle Lichter und Blinker an und rollte langsam weiter; stehenbleiben erschien mir zu gefährlich. Da tat sich schließlich eine Bushaltestelle auf, eine Haltebucht. Ich zögerte, hineinzufahren, fürchtete den Mut der polnischen Busfahrer und die Möglichkeit, dass sie mein ruhendes Fahrzeug zu spät entdeckten. Dann aber hielt ich doch und blieb dort stehen. Ein Schauer, dachte ich, ein starker, mordsmäßiger Schauer, aber er wird schnell vorübergehen. So war ich es zumindest gewohnt.

Natürlich ging er nicht so schnell vorüber. Er dauerte und dauerte. Und ich saß da, umgeben von dieser Regenwand, allein und abgeschnitten von der Welt, und sah nur manchmal, langsam und wie Geisterschiffe, andere Wagen an mir vorbeigleiten, sich vorsichtig vorantastend durch diese Sintflut. Ich saß da, wagte nicht, das Radio anzuschalten, und wartete, wartete.

Einmal, ich kehrte gerade von der anderen Seite des Spirdingsees heim, fuhr ich einen Schotterweg entlang, und vor mir ging ein dicker Junge an der Hand seiner dicken Mutter. Als ich sie überholte, winkte mir der Junge unsicher zu. Ich winkte zurück, aber als ich dann in den Rückspiegel schaute, sah ich, dass seine dicke Mutter ihm eine kräftige Ohrfeige verpasste. Ich hörte förmlich, wie sie ihn schalt und auf ihn niederschimpfte mit ihren drei Zentnern, was er denn fremden Autofahrern einfach zuwinke. Der Junge duckte sich, hielt sich die Hände vors Gesicht, dann geriet er mir aus dem Blickfeld.

Ich fuhr durch alle Wetter, durch strahlenden Sonnenschein, durch trübe Morgennebel und graue Gewitterwolken. Ich fuhr Allee um Allee und meinte mich zuweilen in Tunneln zu bewegen, so dicht war das Blätterdach über mir. Wenn ich diese Alleen auf mich zukommen sah, fühlte ich mich wie eingesogen. Ob es Linden waren oder Eichen, es gab nichts Herrlicheres, als unter ihren Wipfeln hindurchzufahren. Das dachten sich auch die Radfahrer, deutsche Senioren, die noch einmal kräftig strampelten, manchmal grüßten und sich sichtlich freuten, so ungewohnt unterwegs zu sein. Niemand aber sah so viele Alleen wie ich, sah sie aus so unterschiedlichen Blickwinkeln.

Dabei galt es, aufmerksam zu sein. Mein Wagen war zwar klein, die Alleen aber meistens eng, und wie ich irgendwann erfuhr, entsprachen sie nicht den Brüsseler Auflagen. Tausende, ja Zehntausende Alleebäume wurden jedes Jahr gefällt, so hieß es, um die Sicherheit zu erhöhen und der EU-Norm zu genügen.

Niemand, dem das gefiel. Aber irgendwo musste man schließlich anfangen. Es war immerhin einfacher, Bäume zu fällen, als den Leuten beizubringen, nicht mit hundertzwanzig, hundertdreißig Sachen zu überholen, wenn nur zwei Meter Platz zur Verfügung standen und der Gegenverkehr schon unterwegs war.

Nur Stoppschilder wurden peinlich genau befolgt: voller Halt; eins, zwei, drei, Blick nach links, Blick nach rechts, langsames Anfahren. Dieses Prozedere wurde auch an un-beschrankten Bahnübergängen eingehalten (Stoppschilder standen eigentlich nur an Bahnübergängen, und die waren fast immer unbeschrankt), Bahnübergängen zuallermeist, über die längst keine Bahn mehr fuhr. Die Schienen waren schon nicht mehr zu sehen, so hoch wuchsen die Gräser, Kräuter, Farne im Gleisbett, ein malerischer Anblick. Es konnte einem fast wehmütig ums Herz werden ob dieser Ruinenschönheit, und so war es, wenn der einheimische Autofahrer hielt, vielleicht auch eine Reverenz, die der masurischen Eisenbahn erwiesen wurde, eine Verbeugung mit der Kühlerhaube vor dem, was Schienenfahrzeuge hier einst geleistet hatten.

Ich konnte mich an diese fahrschulhaften Anwand-lungen nur schwer gewöhnen, wenn ich auch sonst, die Fenster weit geöffnet, ein rollendes Verkehrshindernis, mit bloß sechzig, siebzig Stundenkilometern mich fort-bewegte.

Die Landesstraße 16 war dabei mein Halteseil. Die 16 führte einmal quer durch Masuren, von Ostróda bis zum früheren Lyck, nicht schnurgerade, aber immerhin doch ohne größere Schleifen. Olsztyn lag auf ihrem Weg und damit der südliche Zipfel des Ermlands, Mrągowo, Orzysz und schließlich Ełk. Sie war verkehrstechnisch die Haupt-schlagader der Region, auch wenn man das kurz hinter Woźnice, einem Dorf nicht weit von Nikolaiken, kaum glauben mochte, so eng und holperig wurde sie hier. Doch gerade weil sie von eher rauer Schönheit war, kehrte ich immer zu ihr zurück. Zum Süden hin allerdings fehlte ihr der rechte Bezug. Dort hangelte ich mich dann die 58 ent-lang. Sie war auf meiner neuen Regionalkarte «Warmińsko-Mazurskie» rot markiert und führte von Olsztynek über Szczytno, Ruciane-Nida und Pisz bis Biała Piska (um ein paar Kilometer weiter, außerhalb Masurens, in Szczuczyn ihr Ende zu finden).

Besser aber noch gefielen mir die kleinen gelben Straßen; es war so ein frisches Gelb, frisch und verlockend, und ich ließ keine dieser Verlockungen fahren. Jedem Impuls abzubiegen folgte ich. Wenn schon mit dem Auto unterwegs, so der Plan, dann möglichst gründlich. Ich hatte nicht vor, irgendetwas auszulassen, mir irgendeine Kurve, irgendeinen Straßenbelag, irgendeine Aussicht entgehen zu lassen.

Am meisten liebte ich es, wenn ich von Norden heimkehrte nach Nikolaiken, die letzten vier Kilometer, die bis auf einen winzigen Knick schnurgerade verliefen und einen weiten Blick über die Wiesen erlaubten, auf feuchtnasse Birken. Hier spürte man schon die Nähe des Wassers, des Spirdingsees im Osten, und gleich geradeaus, unsichtbar am Horizont, des Nikolaikensees.

Am besten, man kam von Ryn beziehungsweise Rhein, hatte die lange Allee zuvor mitgenommen und war über den kleinen Kanal gefahren, der das Talter Gewässer und den Löwentinsee miteinander verband. Vielleicht war auch gerade ein Boot darauf unterwegs gewesen und unterstrich, wie es lautlos dahinglitt, die Stille der Gegend.

Einmal suchte ich im Wald bei Rhein nach alten Panzergräben und verfuhr mich dabei fürchterlich, blieb beinahe im Sand stecken, bis wieder ein Gewitter ausbrach und ich bangen musste, davongeschwemmt zu werden. Dann wieder war es so trocken, dass ich in der Nähe von Ruciane-Nida, auf der Suche nach dem letzten Wohnhaus des Dichters Konstanty Ildefons Gałczyński, so lange über eine Sandpiste fuhr, bis ich vor Staub nichts mehr sah, anhalten musste, in den Niedersee sprang, um erst mich zu säubern und dann mit Hilfe einer immer wieder aufgefüllten Wasserflasche auch das Auto (das Haus, anders als die Panzergräben übrigens, fand ich bald darauf, es war jedoch verschlossen, und zahlreiche im Garten aufgestellte Rasensprenger winkten mir mit ihren Wasserfächern über den Zaun hinweg zum Abschied zu).

Ich liebte den Blick auf die Seen bei Okartowo, das einmal Ekersberg hieß, wo im Norden der Tirklosee lag, meist mit einem Angelboot geschmückt und einem dichten, breiten, wogenden Schilfgürtel, und im Süden der Spirdingsee, der größte und durch seine noch breiteren Schilfgürtel so unnahbare See Polens, ein Meer wahrlich, wenn man sich einmal durchgekämpft hatte und an seinem Ufer stand.

Danach aber, hinter Ekersberg, wurde es zäh, Richtung Arys und Lyck, hier fuhr ich ungern, die Landschaft kam mir eintönig vor, fast abweisend. Lieber nahm ich die Straße hinauf nach Milken, eine gelbe Straße, über vierzig Kilometer lang und nur von winzigen Ortschaften interpunktiert, in ihrer Einsamkeit und Anmut nur vergleichbar mit der Strecke von Willenberg nach Neidenburg ganz im Süden. Dort ging es durch Wald, Wald und nochmals Wald, und manchmal weitete sich die Straße derart, dass ich meinte, auf einem Waldsee dahinzufahren.

Im Süden war es heiß und trocken und menschenleer, hier sah es so aus, wie ich mir den Osten vorgestellt hatte, hier kam ich mir vor wie in einem Roadmovie, ein einsamer Straßencowboy auf großer Fahrt. Aber die nächste Tankstelle war niemals weit; Auto und Fahrer gerieten nie in Gefahr, vor Durst zu verenden. Es war nicht das Death Valley, und als mir einmal die Ölleitung riss, fand ich auch gleich eine Werkstatt. «Auto serwis» stand auf dem Schild, und ein rumpeliger Weg führte mich auf einen Hinterhof.

Der Anschein machte wenig Hoffnung, dass man mir schnell würde helfen können, doch als ich um die Ecke bog, sah ich mich in einem veritablen Großunternehmen angekommen. Mechaniker umschwirrten meinen Wagen wie Bienen ihren Stock. Ein älterer Herr, eine Art Bienenkönig, dirigierte sie. Es gab eine große Garage mit vier Toren, überall wurde geschraubt und gewerkelt. Man warf einen kurzen Blick unter meine Motorhaube und schüttelte nur hoffnungslos den Kopf, dann aber, der ältere Herr schien telepathisch mit seinen Angestellten verbunden, trat aus den Tiefen der Werkstatt ein Mechaniker, dünn und schwarzhaarig, der sich mit Ölleitungen offenbar besonders gut auskannte. Gleich machte er sich über den heißen Motor her, und eine halbe Stunde später konnte es weitergehen, von Sensburg schnurgerade hinunter nach Peitschendorf, und dann weiter, mit vielen Windungen, nach Ortelsburg, über Rhein hinauf nach Lötzen und Rastenburg, dann wieder hinunter nach Sensburg und weiter nach Nikolaiken.

Die Entfernungen spielten dabei keine Rolle, ob vom westlichen zum östlichen Ende, von Norden nach Süden oder irgendwie quer durch: Alles konnte man in drei Stunden schaffen. Mit dem weiten Osten war es in Masuren dann doch so weit nicht her. Die Umwege, die einem die Seen bescherten, waren, im Auto zumindest, eigentlich nicht der Rede wert. Von der natürlichen Verteidigungsfähigkeit Masurens also war nicht viel geblieben.

Einmal, ich hatte mich auf meine Sonnenbrille gesetzt, fuhr ich zweihundert Kilometer von Nikolaiken über Ruciane-Nida, Johannisburg, Lyck und Lötzen, nur um einen Optiker zu finden. Das erschien mir dann, vielleicht auch, weil der Brille nicht mehr zu helfen war, als ganz unsinnig und abgehoben. Ich hatte jetzt genug vom Auto und bemühte wieder meine Beine.

Trübe Wasser

Masuren, heißt es, umfasse die drei «historischen Land-schaften» Sassen, Galinden und Sudauen, eine handliche, wenngleich wenig präzise Definition – über «historische Landschaften» weiß man naturgemäß noch weniger als über zeitgenössische Landschaften. Wobei man auch gar nicht auf die Idee käme, Masuren eine zeitgenössische Landschaft zu nennen, klingt das doch, als wäre diese Landschaft, als wäre Masuren besonders hip und angesagt.

Doch vielleicht ist das so. Eine meiner Landkarten zierte das Foto eines sehr dynamischen Pärchens: Er, in rotem Strickpullover und andersroter Hose, schaut mit einem Fernglas entschlossen in die Ferne und hält sich dabei am Mast seines schnittigen Segelbootes fest. Sie sitzt vorne am Bug, ist eher beige-weiß gekleidet, blond und lächelt in ihr Handy. Aha, denkt der Betrachter oder soll es wohl auch denken, sogar auf dem See hat sie Empfang! Diese Region muss wirklich sehr modern und ganz vorne mit dabei sein!

Vor tausend Jahren sah es zweifellos anders aus. Ein paar römische Autoren wussten zwar, dass es diese Erdre-gion gab, und ein arabischer Reisender hatte in Magde-burg aufgeschnappt, dass weiter im Osten noch Menschen wohnten, von den Bewohnern selbst, den Prußen oder Pruzzen, aber ist kaum etwas überliefert.

Sie waren einst, so nimmt man an, aus dem Baltikum eingewandert und lebten nun in besagten «historischen Landschaften» sehr kleinteilig organisiert, ein Heiden-volk, das verschiedene Götter verehrte und seltsame Stein-figuren, sogenannte Baben, aufstellte.

Ersten Missionierungsversuchen stellten sie sich tatkräftig entgegen, mit dem polnischen Nationalheiligen Adelbert etwa machten sie kurzen Prozess. Dann aber, im dreizehnten Jahrhundert, war das Herzogtum Masowien südlich des Prußenlandes es leid, neben derart renitenten Nachbarn zu leben. Da es ihm nicht gelang, die Prußen zu unterwerfen, rief ihr Fürst, Konrad von Masowien, den Deutschen Orden zu Hilfe.

Der Ritterorden war während des Dritten Kreuzzugs 1198 im Heiligen Land gegründet worden und hatte, wie Konrad bald feststellen musste, nicht die Absicht, das eroberte Gebiet wieder zu verlassen. Nach und nach arbeiteten sich die Ritter von West nach Ost vor, gründeten 1226 Thorn im Kulmerland und unterwarfen auf ihrem weiteren Weg alles, was ihnen begegnete. Wie bei anderen Kolonisierungen gingen die Gotteskrieger dabei nicht gerade zimperlich zu Werke.

Doch ließen die Prußen sich nicht so leicht ausrotten; noch im vierzehnten Jahrhundert lebten in Masuren mehr Prußen als Deutsche und Polen. 1545 erschien sogar ein Katechismus auf Prußisch, einer Sprache, die bald darauf allerdings ausstarb. Was man heute noch von ihr kennt, mutet sehr fremdartig an: «Zemme tumsan medijan aiskun azzaran», so ungefähr, fast wie ein Zauberspruch, lautet die Übersetzung der ersten Zeile des Ostpreußenliedes: «Land dunkler Wälder und kristall'ner Seen».

Allein hätten die Ordensritter das weite Land nicht halten können. Sie setzten daher alles daran, dessen Bewohner zu assimilieren. «Die Prussen», heißt es in einem Vertrag aus dem Jahr 1249, «die vornehmen Geschlechts sind, dürfen mit dem Rittergürtel geschmückt werden.» Ein Buch, das später noch eine Rolle spielen wird und sich mit den Landschlössern in West- und Ostpreußen beschäftigt, nennt die Namen zahlreicher ostpreußischer Geschlechter, die prußischen Ursprungs sind. Viele davon klingen wie aus einem phantastischen Roman: «Die Baysen auf Basien, die Baxein auf Tharau, die Bronsarta zu Schettnienen, die Cherso auf Bolbitten, die Creitzen auf Peisten, die Fink (Finkenstein) auf Seewalde und Hasenberg, die Gaudecker, die Kalnein auf Domnau und Kilgis, die Legedorff (Lehndorff) auf Maulen und Steinort, die Perkuhn, die Saucken auf Loschen, die Schönwiese und Tataren, die Perbandt auf Langendorf, Namgeist und Pomedien, die Steppuhn auf Liekeim.»

Polen wanderten vor allem vom südlich gelegenen Herzogtum Masowien aus ins östliche Preußen ein, und Einwanderung tat not, wollte man das Land weiter urbar machen. Gerade im späteren Masuren waren weite Teile der Landschaft unbewohnt. Nicht nur die Seen standen einer dichteren Besiedelung im Weg, vor allem die unermesslichen Moore und Sümpfe machten es schwer, hier Fuß zu fassen. «Große Wildnis» nannte man die Gegend auch, und bis heute hat Masuren diesen unwirtlichen Charakter nicht ganz verloren.

Der Boden ist, man spürt es, weich. Immer wieder sieht man Bäume im Wasser stehen, Erlen, denen die ständige Feuchtigkeit nichts anhaben kann, aber auch Birken, die, in den Zweigen meist abgestorben, wie dürre Gespensterstecken aus den Tümpeln ragen.

Still liegen sie da, meist mit einer dünnen grünen Haut bedeckt, die sich, wirft man einen Stein hinein, gleich wieder schließt. Trübe Wasser, die unter ihrer Oberfläche etwas zu verbergen scheinen, die zuweilen so anmuten, als seien sie zur Tarnung da und als würde sich, schaute man einmal nicht zu ihnen hin, eine Pforte öffnen zu einer tiefer liegenden Wasserwelt.

Überall, wo mir einer dieser Bruchwälder begegnete, blieb ich gebannt stehen, wartete auf das rechte Licht, suchte die beste Perspektive und machte eine Fotografie.

Das mit der Perspektive allerdings war schwierig, denn zur Schönheit der Teiche und Tümpel gehörte, wie konnte es anders sein, ihre Unnahbarkeit. Ein falscher Schritt, und man war knöcheltief in Schlamm und Modder versunken, zwei falsche Schritte, und die Pampe ging bis zum Knie.

Bald stellte ich fest, dass ich nicht als Einziger diese seltsame Vorliebe hegte. Auch der 1887 geborene und in den masurischen Wäldern groß gewordene Schriftsteller Ernst Wiechert hatte versucht, den Erlsümpfen und ihrem Geheimnis im wahrsten Sinne auf den Grund zu gehen: «Ja, ein großer Jäger war ich damals, und selten wohl war der Wald so sehr einem Kinde Haus und Hof wie mir. Moore lagen in ihm, deren fremdartige Namen schon etwas Lockendes und Bezauberndes für mich hatten: die Padolisken, die Jeschurkowbrücher, der Jektscharek, das Baranij Bjell. Zum Teil waren sie unbetretbar, immer kleiner wurden die Kiefern und Birken an ihrem Rand, und in ihrer Mitte stand Schilf und hohes Riedgras um unbewegliche Wasserblänken. Kraniche brüteten dort, und manchmal nahm ich heimlich zwei Bretter von zu Hause mit, um auf ihnen, Schritt vor Schritt, in die schwankende Welt vorzudringen, die so viel Geheimnisvolles hinter dem Festen der Erde verbarg. Aber dann zitterte der Boden unter meinem Fuß, die niedrigen Sträucher bewegten sich, Wasser stieg dumpf und drohend zwischen den Halmen in die Höhe, und niemals gelang es mir, zu meinem Heil wahrscheinlich, in das Unbetretbare vorzudringen.»

Mücken lauerten hier, und manchmal sah man Frösche, aber nirgends sonst traf man so seltsame Farben, so matte Grautöne, so unwirklich, fremdartig schimmerndes Grün.

Die Rinde der Birken wirkte wie Totenblässe, die der Erlen, als wäre es die Haut eines urzeitlichen Reptils.

Die Anordnung der Bäume besaß dabei meist eine gewisse Symmetrie, und während die Erlen ordentlich in einer Reihe standen, bildeten die Birken häufig einen Kreis, ganz als könnte man in ihrer Mitte heidnische Riten abhalten. Aber sie ließen eben niemanden an sich heran und in ihren Kreis hinein. So unnahbar sie waren, versuchte man ihnen seit Jahrhunderten die Grundlage zu entziehen. In ganz Preußen wurde seit dem Ende des Mittelalters verstärkt daran gearbeitet, Sümpfe und Moore trockenzulegen.

Entstanden waren die vielen Feuchtgebiete während der letzten Eiszeit. Als sich die Eisdecke, die sich über die Nordeuropäische Tiefebene geschoben hatte, wieder zurückzog, gab es zwischen der Eiskante und den Mittelgebirgen Deutschlands und Polens keinen geeigneten Abfluss. Es bildeten sich Landsenken, die sogenannten Urstromtäler. Ihre Wassermassen wurden schließlich von den Flüssen aufgenommen, die sie von Süden nach Norden transportierten. Hier mündeten sie in Nord- und Ostsee. Zurück blieben die sumpfigen Senken der Urstromtäler. Sümpfe bildeten sich auch dort, wo sich Nebenarme der großen Flüsse durch die von der sich zurückziehenden Eisdecke hinterlassenen Geröllhalden ihren Weg bahnten.

Schlechte Bedingungen für den wirtschaftlichen Fortschritt also. Weder konnte man in diesen sumpfigen Gebieten Straßen und Wege anlegen, noch ließen sich die kleinen Flüsse und Tümpel mit größeren Booten befahren. Und dort, wo es immerhin ein wenig Raum für den Menschen und sein Vieh gab, kam es regelmäßig zu verheerenden Überschwemmungen. So begann man im sechzehnten

Jahrhundert unter den Brandenburgern verstärkt damit, Eindeichungen vorzunehmen, also Deiche zu errichten und Siele anzulegen, durch die das Wasser dann kontrolliert ablaufen konnte. Der Große Kurfürst holte hundert Jahre später dann erfahrene holländische Baumeister ins Land. Ihre Erfolge allerdings waren vorerst gering.

Der Soldatenkönig Friedrich Wilhelm I. nahm sich ebenfalls des Problems an und beauftragte den Wasserbauingenieur Simon Leonhard von Haarlem. Der entwarf ein weitreichendes Entwässerungsprojekt für das Oderbruch, warnte dabei aber, dass es sehr teuer und aufwendig wäre. «Ich bin schon zu alt», vermerkte der König daraufhin, «und will es meinem Sohn überlassen.»

Er traute dem späteren Friedrich II. damit einiges zu, auch wenn er ihn einen «französischen Windbeutel» nannte und seinen geliebten Freund Katte – dessen Vater übrigens aus Angerburg stammte, ganz im Norden der masurischen Seen – hinrichten ließ.

Bald darauf begann Friedrich, er bezeichnete es als seine Lehrzeit, in der Küstriner Verwaltung zu arbeiten. Am Oberen Oderbruch besah er zu dieser Zeit das ganze Gebiet. Dort stellte er fest, dass es vieler Verbesserungen fähig sei, besonders wenn man die augenscheinlich nutzlosen Brüche austrockne.

Heute sieht man Friedrich II. gerne als Scheusal oder als Schöngeist, gerne auch als beides zugleich. Entweder er führte Kriege, oder er korrespondierte mit Voltaire, so das vorherrschende Bild. Aber er hatte, als Kind der Aufklärung, auch etwas von einem Ingenieur in sich: «Ländereien urbar zu machen, beschäftigt mich mehr als Menschenmordungen», schreibt er im Jahr 1737. Und so ruhte er in seinen sechsundvierzig Regierungsjahren nicht – die Zeit des Siebenjährigen Krieges ausgenommen – und fand auch immer neue Brüche und Sümpfe, die es zu entwässern und trockenzulegen, Flüsse, die es zu begradigen, oder Kanäle, die es zu bauen galt. Noch in seinem Todesjahr schrieb er nach Königsberg: «Hiernechst ist von der Seite von Tilsit annoch ein großer Morast zu defrichieren.»

Wenn Friedrich Kriegsschauplätze besichtigte, heißt es, konnten seine Beamten sicher sein, dass er dabei ein neues Bruch entdeckte und umgehend ein Gutachten in Auftrag gab, wie am besten mit diesem zu verfahren sei. In Masuren unternahm er die Trockenlegung des Lattanabruchs östlich von Willenberg und vor allem – den Abschluss dieses Projekts sollte er allerdings nicht mehr erleben – die Urbarmachung des Forsts Korpellen bei Ortelsburg.

Einen ähnlichen Eifer, eine ähnliche Hartnäckigkeit bei der Entwicklung seines Landes (und der Landwirtschaft) sollte nach ihm kein preußischer Herrscher mehr an den Tag legen.

Aus der Großen Wildnis eine kleine zu machen, ist aber auch Friedrich nicht gelungen. Die Flüsse treten hierzulande heute genauso gerne über ihre Ufer wie damals, und die Seen sind ebenfalls noch zu Tausenden zu zählen. Nach wie vor ist alles von Wasser durchdrungen, von Wasser besetzt. Und selbst innerhalb der riesigen Kiefernwälder finden sich überall sumpfige, sumpfig-schöne Gebiete.

Unter Eichen

Peitschendorf, als ich den Namen zum ersten Mal hörte, dachte ich: Da musst du unbedingt hin, da muss etwas los sein, Peitschendorf, das knallt doch. Als ich dann dort war, dachte ich: schnell wieder weg hier. Es war eigentlich kein Dorf, sondern eine Abfolge von Häusern, eigentlich waren es auch keine Häuser, sondern irgendwie in die Landschaft geklatschte Betonbaracken.

Ich hatte mich ohnehin geirrt. Ernst Wiechert war gar nicht, wie ich zuerst angenommen hatte, in Peitschendorf aufgewachsen, sondern in Kleinort, ein paar Kilometer entfernt. Hier war einst die Revierförsterei seines Vaters, ein Ziegelbau mitten im Wald, der auch heute noch dastand. Eine Straße führte direkt an der Försterei und dem angeschlossenen Wiechert-Museum vorbei, ein für das kleine Museum überraschend großer Parkplatz lud zum Verweilen ein, aber niemand war zu sehen, kein Auto weit und breit.

Das Museum war abgeschlossen, also läutete ich nebenan beim Förster. Der holte dann eine junge Dame, die mir das Museum öffnete: «Nein, Sie brauchen nicht zu bezahlen», sagte sie, «Sie sind doch allein!»

Ich schaute mich um, betrachtete die Geburtsurkunde aus dem Jahr 1887 und die Todesbescheinigung aus dem Jahr 1950, Letztere aus der Schweiz und im Druckbild sehr akkurat. Ich ging an Erstausgaben vorüber, an der Geldbörse des Vaters und warf einen längeren Blick auf den mit einer Karte im Maßstab 1:5000 versehenen «Waldzustandsbericht des Schutzbereichs Kleinort für das Jahr

1912» (von der ebenfalls sehr akkuraten Hand des Vaters verfasst).

Doch hergeführt hatte mich eigentlich nicht das Museum, sondern ein Absatz aus Wiecherts Autobiographie «Wälder und Menschen»: «Der Vater meiner Mutter», heißt es da, «lebte in Cruttinnen, einem kleinen Dorf zwischen den unendlichen Wäldern und am Ufer des durch seine Schönheit berühmten Cruttinnenflusses, und durch viele Jahre meines Lebens ist dieser Ort mir als der Inbegriff des Herrlichen, des Abenteuers und der zauberischen Verschlossenheit erschienen. Wahrscheinlich enthielt er von allen diesen Dingen nicht mehr als andere Walddörfer meiner Heimat, aber nirgends auf der Welt gab es so viele Seen und Moore, so viele Reiher und Adler, so viele Jäger mit wunderbar schimmernden Büchsen, so viele uralte Eichen und so viele süße Himbeeren wie auf der zweistündigen Wagenfahrt von unsrem Forsthaus nach dem großelterlichen Hause.»

Die Strecke von der Försterei hinüber nach Krutyń wollte ich nun auch zurücklegen, nicht in der Kutsche, sondern zu Fuß. Es waren kaum mehr als zehn Kilometer, und so machte ich mich auf den Weg, in der Hand eine Landkarte, die mir die junge Dame beim Verlassen des Museums zu allem Überfluss noch – ich war ja so allein – geschenkt hatte, genauer gesagt eine «naturkundliche Landkarte» des «Piska-Urwalds», der Johannisburger Heide also. Auf ihr waren alle Oberforstrevierssitze und -namen, Forstrevierssitze und -namen, Waldlehrpfade und Waldlehrschulen verzeichnet, und zwar in der Farbe Gelb. Das nahm sich sehr schön aus, da der Rest der Karte – ich befand mich schließlich in einem der größten zusammenhängenden Waldgebiete Europas – grün gefärbt war.

Von «Urwald» konnte freilich keine Rede sein, die

ganzen Förstereien und forstwissenschaftlichen Einrichtungen bewiesen: Es handelte sich zu weiten Teilen um reinen Kulturwald. Die ausgedehnten Kieferschonungen zeugten ohnehin davon, dass Hand angelegt wurde. Überall griff man forstlich ein. Zwar lag hier und da auch Totholz herum – erste Bedingung für einen Urwald –, aber überall begegneten einem Bereiche, in denen regelmäßig Holz geschlagen wurde. Pfade führten kreuz und quer durch das riesige Gebiet, immer wieder tauchten Hochsitze auf, mit Zäunen gesicherte Schonungen. Auch wenn man stundenlang allein durch den Wald lief, behielt man doch das Gefühl, in der Zivilisation zu sein, nicht in der wilden Natur.

So ging es mir jedenfalls auf meinem Weg nach Cruttinnen. Wiecherts verwunschener Kindheitswald schien mir so fern wie der Märchenwald der Brüder Grimm.

Dass hier irgendwo ein Jäger mit einer schimmernden Büchse auftauchen würde, kam mir ebenso unwahrscheinlich vor wie ein Mensch, der heute noch das Wort «Büchse» verwendete. Wiecherts Sprache entstammte ebenfalls einer anderen Welt. Wenn er selbst auch für zwei Monate – wegen einer Rede, die er vor Studenten gehalten hatte – im KZ gewesen war und nur zu gut um Schmerz und Verlust wusste, schien seine Sprache doch etwas zu sein, das er ins kalte Licht der Moderne hinübergerettet hatte, etwas, mit dem er vielleicht auch versuchte, die Wunden zu heilen, die Schmerz und Verlust – nicht zuletzt der Heimat – ihm geschlagen hatten: «Wenn ich in meinem Walde geblieben wäre, wie ich mir leidenschaftlich gewünscht habe und woran mein verständiger Vater mich verhindert hat, so würde das Bild meiner Heimat sicherlich nicht den schmerzlichen Glanz bekommen, den es damals in den ersten Tagen des städtischen Lebens empfing und den es für alle Zeiten bewahrt hat.»

Der Wald war für Wiechert eine Form Gottes, er war seine eigentliche Heimat, und in ihr gab es «keine Zeit, keine Entfernung, keine Müdigkeit». Ganze Tage brachte er in ihm zu und lernte «Steine schleudern, Kühe hüten, fischen, jagen, die Vögel an Stimme und Flug erkennen, Fährten lesen, Weidenflöten und Kuhhörner machen, mit Pferden umgehen, das Wetter voraussagen und vieles andere». Als er in die Stadt kam und auf die Schule musste, war es damit aber «wie mit den Künsten eines Indianers, der in die Stadt kommt und mit allen Künsten hilflos vor der Gewalt der Steine steht». Ein geradezu traumatischer Moment der Desillusionierung, der Entfremdung, ein «Ertrinken im Meer von Licht, Donner und Lärm».

Dagegen war meine eigene Enttäuschung bedeutungslos. Wahrscheinlich lag es am Wetter, dass ich nichts von dem spürte, was Wiechert so eindringlich beschrieben hatte: Die Sonne schien einfach zu prächtig und präsentierte die Landschaft in einem offenherzigen, ja schamlosen Licht.

So kam nach kurzer Zeit schon der Gedanke an ein Gasthaus in mir auf, ich hatte Lust, ein Bier zu trinken und am Flussufer zu lungern. Noch aber lagen einige Kilometer trockener Wald vor mir. Immerhin hatte ich eine große öde Kiefernschonung hinter mich gebracht und sah nun tatsächlich Eichen, ganz wie vom Dichter versprochen. Erst eine ungewöhnlich hohe Eiche, dann eine Eiche, die sich gleich am Boden gabelte, eine mächtige Doppeleiche, und schließlich, etwas weiter, die Mutter aller Eichen, so alt und riesig und dick, dass ihre Rinde grau war und die Furchen daumentief. Von innen war sie hohl, aber ihre Krone grünte glücklich. Ich schaute hinab und entdeckte an ihrem Fuß winzige braune Frösche, nicht einmal so groß wie der Nagel meines kleinen Fingers, niedliche Kerle, von denen ich am liebsten einige mitgenommen hätte.

Dann aber kam schon Cruttinnen in Sicht, die ersten Werbetafeln («Bootsfahrten am biligsten» [sic!]), Restaurants und darin deutsche Seniorengruppen, die sich ein paar Meter den Fluss hatten hinunterstaksen lassen. Abseits der Hauptstraße standen noch einige Holzhäuser, eins davon vielleicht das der Großeltern, dazwischen Sandwege und rauchiger Ofengeruch.

Ich trank ein Bier oder zwei und dachte an Wiechert, der im Krieg gewesen war, dem Ersten Weltkrieg, während sein einziges Kind starb, der zehn Jahre später auch seine Frau verlor und danach erst, als fast Fünfzigjähriger, von Königsberg nach Berlin zog. Dort begann die zweite Karriere des Studienrats Wiechert als Erfolgsschriftsteller. So groß war sein Erfolg, dass man ihn nicht einfach auf Dauer wegsperren konnte. Publikationen seinerseits ließen sich freilich unterbinden. Nach dem Krieg zog er 1948 von Wolfratshausen in die Schweiz, wo er zwei Jahre später auch starb.

Schließlich fiel mir die Geschichte mit dem Kranich ein. Zwei Waldarbeiter hatten ihn gefangen. Er sei noch ein Kind gewesen, schreibt Wiechert, und der Kranich nicht größer als seine Hand. Der Vogel habe fortan im Garten der Försterei gelebt, und jeden Morgen und jeden Abend versorgte ihn das Kind, das Wiechert damals war, mit kleinen Fischen. Auf Zuruf kam der Kranich zu ihm und nahm das Futter aus seiner Hand. Wenn das Kind den Hof verließ, stand der Kranich am Zaun und rief ihm nach; kam es zurück, lief er ihm mit ausgebreiteten Schwingen entgegen. Doch nicht genug der Idylle. «Um die Mittagsstunde», schreibt Wiechert weiter, «waren wir der großen Einheit am nächsten. Ich lag auf dem Rasen und rief nach ihm. Er kam und blieb zu meinen Füßen stehen. Er spielte mit meinen Schuhen, meinen Knöpfen, meinen Händen. Und dann trat er zwischen meinen linken Arm und meine Brust. Er blickte sich noch einmal um, mit seinen wundervollen Augen, denen nichts entging. Dann ließ er sich in die Knie sinken. Noch einmal hob sich sein schlanker Hals, als liege er auf dem Moor und müsse nach seinen Feinden sehen. Dann legte er sich nieder, so daß sein Leib zwischen meinem Arm und meinem Herzen lag, und verbarg seinen Kopf an meiner Brust. Ein leise träumender Ton kam unaufhörlich aus seiner Kehle, unsäglich geborgen und glückselig. Meine Hand strich über sein bläuliches Gefieder wie über die Wangen eines Kindes. Sein Auge öffnete sich noch zuweilen und blickte mich an, und dann schliefen wir ein, während die Bienen über uns summten und der Pirol vom Walde rief.»

Den Pirol, meinen liebsten Vogel, hatte ich auf meinem Weg nach Cruttinnen nicht gehört, und kleine Jungen mit Kranichen würde ich sicher erst recht nicht beobachten können. Von heiliger Unschuld war in Krutyń wie überall sonst auf der Welt nichts zu spüren. Umso lieber las ich Wiechert, nicht um zu fliehen vor den prosaischen Schreibfehlern unserer Gegenwart, sondern, im Gegenteil, weil seine poetischen Träume sie so herrlich ergänzten.

Steinorter Barbarei

— Masur, verstanden manche daheim, du schreibst ein Buch über Kurt Masur? Wie kommst du denn darauf?

— Masuren, sagte ich dann jedes Mal, die Landschaft in Ostpreußen, nicht der Dirigent.

Aber auch Masuren war vielen noch zu ungenau. Wer nicht da gewesen war, konnte sich kaum etwas darunter vorstellen.

— Schön soll es da sein, oder? Viele Seen?

— Ja, viele Seen, sagte ich, und das war, bevor ich mich auf die Reise machte, Seen und Wälder und hin und wieder ein Holzhaus.

Doch es half nichts, das war alles viel zu allgemein. Da kam mir der rettende Gedanke:

— Und dann, dann gibt es noch Steinort.

— Steinort, aha, erzähl doch mal.

— Na, das Schloss der Grafen Lehndorff, auf einer Halbinsel, uralte Eichen auf dem Weg dahin, außerdem Ribbentrop, die Widerstandskämpfer um Stauffenberg, das ganze Programm.

— Klingt ja faszinierend, sagten meine Freunde da.

Es wurde also Zeit, dass ich endlich dort hinkam.

Hans von Lehndorff, ein Neffe des vorletzten Schlossbesitzers Carol, berichtet in seinen Erinnerungen allerdings von den Schwierigkeiten, nach Steinort zu gelangen: «Wir wurden in der Kreisstadt Angerburg von der Bahn abgeholt und hatten von dort fast zwei Stunden mit dem Wagen zu fahren. Die Beine der Pferde waren bis zu den Knien mit Lehm beschmiert, woraus wir Rückschlüsse auf den Zustand der Wege ziehen konnten, die vor uns lagen. Zuerst ging es lange auf einer festen Straße über hügeliges Gelände, von dessen Höhe aus man immer wieder die riesige Fläche des Mauersees mit seinen Inseln und Buchten überblicken konnte. Dann bog die Straße um den nördlichsten Ausläufer des Sees herum nach Süden ab und führte durch den Ort Stawisken, der schon zu Steinort gehörte. Trotzdem hatten wir noch eine gute Stunde Fahrt vor uns, zunächst lange Zeit durch Wald. Himmelhohe Fichten, unter deren Schirmdach sich fast nächtliches Dunkel ausbreitete, wechselten sich ab mit Eichenbeständen, Erlenbrüchen und schmalen Lichtungen, auf denen gelegentlich ein Reh oder ein Stück Damwild zu sehen war. Auf den ungepflasterten Wegen sanken die Wagenräder bis zur Mitte in den Lehm ein, und mehr als einmal drohte der Wagen umzukippen. Immer wieder lehnte man sich instinktiv nach der entgegengesetzten Seite, um ihn ins Gleichgewicht zu bringen. Wir passierten die Orte Stobben und Kittlitz und fuhren dann noch ein langes Wegstück durch viele Löcher bis zu einer kleinen Anhöhe. Dort begann eine schnurgerade Allee alter Eichen, an deren Ende die roten Dächer von Steinort zwischen den Baumkronen schimmerten.»

Die Eichen standen fast hundert Jahre später noch da, ein Stückchen größer wohl, der Weg aber war, als ich nach Steinort kam, asphaltiert. Sanft schlängelte er sich durch Wald und an *pokojes* vorbei, beschwingt schlenderte ich dahin. Kurz vor Steinort jedoch, an einer Brücke, blieb ich abrupt stehen, so plötzlich traf mich die Schönheit dieses Ortes. Rechts lag ein See, links einer, aus der Ferne glitt stumm ein schmales Segelboot auf mich zu, die Luft war erfüllt vom Rufen der Frösche und Unken, von Vögeln, die auf unsichtbaren Straßen dahinflogen. So vielfältig die Eindrücke, so lebendig die Natur, schien mir alles doch von tiefem Frieden erfüllt. Und ich, auf der Brücke, fühlte mich als Teil, als Verbindungsglied zwischen den blank daliegenden, in der Sonne gleißenden Gewässern.

Die Schönheit war in ihrer Perfektion fast unerträglich, und so war es gut, dass das Segelboot immer näher kam, gleich unter der Brücke anlegte und ihm ein älteres Ehepaar entstieg. Ich war also nicht mehr allein und konnte den beiden den Ort überlassen; er hatte nun andere Zeugen für seine Einzigartigkeit.

Steinort selbst verwischte diesen Eindruck erst einmal. Von massigen Sicherheitsleuten regierte Parkplätze, eine Marina mit zahlreichen Yachten und den üblichen unansehnlichen Funktionsgebäuden am Kai. Außerdem ein paar verfallene Wirtschaftsgebäude. Wo aber war das Schloss?

Ich folgte einem Schild, geriet in einen Wald, der, wie sich später herausstellte, einmal der Schlosspark gewesen war. Am Schloss war ich seitlich vorbeigegangen, ohne es zu bemerken. Auch als ich endlich davorstand, wollte ich zunächst nicht glauben, dass es sich hier um das mythische Steinort handelte, diesen uralten Landsitz, der manch bemerkenswerten Grafen hervorgebracht hatte und zuletzt ein weltbekanntes Model, Tochter eines Widerstandskämpfers.

Auf den ersten Blick handelte es sich um kein besonders interessantes Gebäude, weder außerordentlich hoch noch breit, mit Anbauten, die offensichtlich eine Schar blinder Handwerker angebracht hatte, alles in allem recht schmucklos und überdies ziemlich heruntergekommen; die Fenster waren mit Plastikplanen verklebt, überall bröckelte der Putz, wild wucherte das Unkraut aus den Ecken.

Enttäuscht ließ ich mich dort nieder, wo einst ein Rondell gewesen sein musste. Ein Baum spendete Schatten, ich schaute zum Haupteingang hinüber und begann, mich mit den Mücken zu beschäftigen, die hier heftig schwirrten. Da erschien eine kleine deutsche Reisegruppe, mit forschem Schritt angeführt von einer Dame von Dönhoff'scher Strenge und Zähigkeit, eine Dame, die sich sicher genauso wenig in den Mantel würde helfen lassen wie einst die mannhafte Gräfin, so sie denn überhaupt einen besäße. Sie trug vielmehr eine riesige solide Outdoor-Weste, in deren tiefen Taschen gewiss irgendwo auch ein Messer, vielleicht auch etwas Munition steckte. Über ihren schraubzwingenhaften Händedruck hegte ich keinen Zweifel. Anfang sechzig vielleicht und mit erstaunlich wenigen grauen Strähnen im Haar, konnte ich mir vorstellen, wie sie das Vieh vor sich hertrieb, ihre Leute packte und alles zusammen übers Haff schaffte. Wie sich später herausstellte, hatte sie eine weitaus längere und kaum weniger kräftezehrende Odyssee hinter sich.

Erst einmal aber warf sie ihre Tasche auf den Boden, zeigte auf das Klohäuschen aus Plastik, das genau in der Blickachse zwischen See und Schloss stand, und legte los: «Das ist die reine Barbarei hier!» Überhaupt gelte Alarmstufe 12, das Dach des Schlosses drohe einzufallen, das ganze Gebäude befinde sich in einem erbärmlichen Zustand, morsche Balken, Löcher im Boden, und so etwas wie Drainage habe es hier seit Jahrzehnten nicht gegeben. Wie eine Sturzflut brach ihre Rede über die unspektakuläre Beschaulichkeit des Ortes herein. Gebannt hörte ich zu, und als eine kurze Lücke sich auftat, bat ich darum, mich der Gruppe anschließen zu dürfen. «Aber bitte», sagte die Dönhoff'sche, zog ein Buch aus ihrer Tasche und begann vorzulesen: «Die Familie Lehndorff besitzt seit dem 15. Jahrhundert das Steinorter Gebiet. Das älteste Haus lag auf einer durch den Mauersee überfluteten Stelle, als für die Angerburger Mühle die Seen aufgestaut wurden. Das zweite Steinorter Gutshaus stand an der heutigen Stelle. Es wurde 1689 abgebrochen bis auf die Außenmauern, drei Gewölbe im Erdgeschoß und eine schmale Wendeltreppe an der Südostecke. Im Jahre 1689 hat die fünfundzwanzigjährige, eben verwitwete Marie Eleonore Gräfin Lehndorff, geb. Gräfin Dönhoff den großen Neubau begonnen und mit ungewöhnlicher Tatkraft 1695 vollendet. Der Hauptteil war 1690 fertig, 1691 folgte das Brau- und Mälzhaus und bis 1695 das Torgebäude. Das letztere ist bis auf einen Steinrest verschwunden. Wenn in Schlobitten in der Zeit von 1696 bis 1724 der größte Barock-Ehrenhof im Ordensland geschaffen wurde, so hat Steinort den Ruhm voraus, schon vorher eine derartige Anlage errichtet zu haben. Der Bauvorgang ist bis in die letzten Einzelheiten aus den Handwerkerverträgen und Abrechnungen zu erschließen. Maurer, Ziegler, Kalkschläger, Steinhauer, Grobschmied, Zimmermann, Brettschneider, Nagelschmied, Tischler, etc. etc.»

Sie übersprang eine Stelle und las dann weiter: «Der Baumeister des Entwurfs für Steinort ist wohl in dem Berliner Umkreis aus den letzten Jahren des Großen Kurfürsten zu suchen. Das Schwerinsche Palais an der Brüderstraße gegenüber dem Schloß Berlin ist, wie die Skizze zeigt, ein fast genau übereinstimmender Bau. Das Gebäude ging 1698 aus Lehndorffschem Besitz an den Kurfürsten Friedrich III. über. Die alten Architekten-Risse müssen als Vorstufe für den endgültigen Bau angesehen werden. Das Palais Schwerin am Molkenmarkt in Berlin, welches Ahasverus Lehndorff von seinem Schwiegervater der zweiten Ehe, dem Oberpräsidenten Otto von Schwerin, geerbt hatte, ist das genaue Vorbild für Steinort. Es stimmen überein: die Achsenordnung, der Mittelrisalit …»

Sie murmelte etwas vor sich hin, übersprang eine Stelle, sagte: «Das interessiert uns jetzt nicht», und las unten auf der Seite weiter: «Außergewöhnlich gut erhalten ist zu Steinort im Erdgeschoß die barocke Ausstattung. Neben den alten Kaminen stehen jeweils die zugehörigen alten Kachelöfen. Auf der Kaminumrahmung auf kleine Konsolen ist altimportiertes China-Porzellan aufgereiht. Die Stuckdecken haben eine Formgebung in Akanthusranken rings um die Deckenbilder.»

Während der Vorlesung zog sich die Gruppe nach und nach in den Schatten eines Baumes zurück. Es war heiß geworden und in der Sonne im Grunde nicht auszuhalten. Ein rundliches Mitglied der Truppe versprühte großzügig «Anti-Brumm» auf die übrigen Anwesenden. Die Gruppenleiterin aber stand, in ihrer dicken Weste, immer noch in der Sonne und las mit kräftiger Stimme weiter vor. Neben ihr verharrte nur noch ein zarter, offensichtlich sehr treuer Herr mit Sonnenschirm. Irgendwann wagte er es, die Stimme zu erheben und die Vortragende zu unterbrechen: «Bianca», sagte er, «wollen wir vielleicht im Schatten weitermachen? Entschuldige, dass ich dich unterbreche.» – «Sicher», sagte sie und nahm Kurs auf die Baumgruppe. «Tut mir wirklich leid», versicherte er noch, als er hinter ihr hereilte. Aber da hatte sie ihren Faden schon wieder aufgenommen: «Die weiträumige, doppelläufige Treppe ist neben Gallingen, Tolks, Sanditten und Hohendorf eine der prächtigsten Raumgestaltungen usw. usw.» Pause. «So, und jetzt gehen wir hinein ins Schloss, da ist der Piotr von der Stiftung, und der sagt dann etwas, und dann gehen wir in den Park, oder gehen wir erst in den Park? Nein, wir gehen da jetzt erst mal hinein.»

Drinnen im Schloss war der Eindruck noch verheerender. Das Buch, aus dem Bianca vorgelesen hatte, stammte, das wurde jetzt schlagend deutlich, aus den dreißiger Jahren («Aber es ist immer noch», sagte die Fremdenführerin, «das Beste, was wir über die ostpreußischen Landschlösser haben!»). Keine Decken, nur Stützbalken, die Dielen sahen aus wie herausgefetzt, der Eingangsbereich durfte ohnehin nicht verlassen werden, weil man sonst einzubrechen drohte. Einige wohl schon etwas schwerhörige Mitglieder der naturgemäß nicht mehr ganz jungen Reisegruppe liefen trotzdem los und mussten mühsam zurückgepfiffen werden. Da Bianca sich auch im Inneren des Schlosses hervorragend auskannte, blieb Piotr von der Stiftung kaum etwas zu sagen.

Anschließend ging es in den einstigen Park, dort aber half bald auch kein «Anti-Brumm» mehr gegen die vielen Mücken, und so erhielt die Gruppe Freigang.

«Vielen Dank», sagte ich, «dass ich dabei sein durfte», und wollte mich schon abwenden. Da aber packte mich Biancas strenge Stimme: «Wer sind Sie eigentlich? Journalist? Interessant! Lassen Sie uns etwas trinken gehen.» Also kehrten wir – der Herr mit Sonnenschirm schaute uns wehmütig hinterher – auf ein Bier ein.

«Sie müssen aber auch Durst haben», sagte ich, «bei dem vielen Reden.»

«Quatsch», schüttelte Bianca den Kopf, «meine Mutter war Schauspielerin, die hat mich gelehrt zu sprechen.» Sie nippte an ihrem Bier. «Überhaupt, meine Mutter, die kam aus Allenstein, daher die Verbindung. Nach der Wende kam ich dann mit ihr zum ersten Mal her. Sie wollte die alte Heimat sehen. Für mich war es, man darf so etwas ja eigentlich nicht sagen, als sei ich schon einmal hier gewesen. Wir waren nämlich nicht nur in Allenstein, sondern auch in Steinort, und es war, nein, nicht dieses Liebe-aufden-ersten-Blick, aber es war doch Liebe, die mich ergriffen hat.» Sie nippte noch einmal an ihrem Glas und sprach weiter: «Damals sah das Schloss noch weitaus besser aus. Ein Mann war da, der hatte einen Schlüssel, und wir gingen gemeinsam hinein, schauten zwei Stunden lang in jede Ecke. Wie sich herausstellte, sollte Steinort versteigert werden, und der Mann mit dem Schlüssel überlegte mitzusteigern. Ich dachte: Das kann doch ein Privatmann allein gar nicht stemmen. Sowieso müsste es der Öffentlichkeit zugänglich sein. Also schrieb ich dem damaligen Bürgermeister der Gemeinde hier in Węgorzewo, dass es in Deutschland diese Praxis gebe, vom Verfall bedrohte Gebäude für einen symbolischen Preis an eine Stiftung zu verkaufen, und die würde sich dann im Gegenzug dazu verpflichten, das Ganze wiederherzustellen und zugänglich zu machen. Dann habe ich noch ein Eine-Mark-Stück mit Tesafilm auf den Brief geklebt.»

Zwei Touristen, vor den enormen Bäuchen enorme Fotoapparate, blieben an unserem Tisch stehen und fragten nach der berühmten Eichenallee. Nachdem Bianca sie sachkundig abgefertigt hatte, erzählte sie weiter: Zusammen mit einer polnischen Freundin daheim habe sie alles darangesetzt, Schloss Steinort zu retten. Der Bürgermeister von Węgorzewo empfing sie tatsächlich, es wurde eine Stiftung gegründet, dann aber gab es Kommunalwahlen, einen neuen Bürgermeister, eine Einladung nach Deutschland, eine Projektpräsentation – Sanierung, Einrichtung einer Akademie etc. – vor Ort und dann der plötzliche Verkauf an einen österreichischen Investor. Der wollte zwar ebenfalls aus dem Schloss etwas machen, scheiterte aber, nach eigenen Angaben, an der polnischen Bürokratie und verkaufte Steinort vier Jahre später an eine Aktiengesellschaft mit Sitz in Warschau. «Sehr dubios, da würde es sich lohnen, einmal zu recherchieren!» Die Aktiengesellschaft hatte freilich wenig Interesse am Schloss selbst, sondern vor allem am Hafen; Steinort lag an einer natürlichen Bucht, die auch bei schweren Stürmen, die auf dem Mauersee schnell gefährlich werden konnten, Schutz bot.

«Das war 1999», erzählte Bianca, «da hatte ich dann erst mal keine Lust mehr, mich mit Steinort zu beschäftigen. Außerdem kam meine Tochter in die Pubertät, da hat man ohnehin anderes zu tun.»

Ein paar Jahre später aber wollte die Mutter noch ein letztes Mal in die alte Heimat, man bereitete sich vor, man spielte wieder mit dem Gedanken, Steinort aus den Klauen der Investoren zu befreien, und die polnische Freundin sagte: Ich bin dabei, wenn du es noch einmal durchziehen willst, ich mach noch einmal mit. Doch starb sie plötzlich. «Und da stand ich dann», sagte Bianca, «kurze Zeit später vor dem Schloss – es ist ja eigentlich kein Schloss, höchstens von der Größe her, eher ein Landhaus –, da stand ich dann hier und schwor mir und meiner Freundin, dass es diesmal klappen sollte, dass ich Steinort retten würde.»

Feierlich trank sie einen Schluck und schaute mich an: «So, jetzt erzählen Sie aber erst mal. Wie lange werden Sie in Masuren sein? ... Drei Monate? Da können Sie ja alles machen, was ich Ihnen sage!»

Für ein paar Dukaten

Das alte Buch, aus dem Bianca vorgelesen hatte, hieß
«Landschlösser und Gutshäuser in Ost- und Westpreußen»
und stammte von einem gewissen Carl von Lorck. Er war
Rechtsanwalt in Königsberg, später Richter in Schleswig-
Holstein. Studiert hatte er neben der Staats- und Rechts-
wissenschaft auch Klassische Archäologie und Kunst-
geschichte; für seine kunsthistorische Arbeit wurde er mit
dem Dehio-Preis ausgezeichnet.

Anfang der dreißiger Jahre leistete er auf seinem Gebiet
wohl tatsächlich Pionierarbeit. Die ostpreußischen Gutshäuser hatten in der Forschung bis dahin wenig Beachtung
gefunden, für Lorck aber waren sie «Sinnbild der aus der
Scholle hervorwachsenden Kultur». Und weiter: «Wie
auch das kleinste Gutshaus auf eine sehr eindringliche
Weise offenbart, ist jedes Herrenhaus neben dem Bauernhaus der sichtbar gewordene Inbegriff der Persönlichkeit
des auf der Scholle ansässigen Landmanns als des einzigen
Volksangehörigen, der ununterbrochen seit Jahrhunderten
in enger Verbindung zur Staatsführung auf gehobenem
kulturellen Niveau leben und schaffen durfte. [...] Dieser
Menschentyp hat sich in den Gutshäusern seine eigene Geschichte in Stein geschrieben.»

Von Lorck, als Mann von Adel, hatte nun Zugang zu
diesem Menschentyp: Er wohnte eine Zeitlang auf dem
Steinorter Gebiet und hatte privilegierten Zugang auch zu
den auf dem Dachboden des Schlosses seit Jahrhunderten
lagernden und modernden Papieren. Seine Monographie
über die Landschlösser und Gutshäuser erschien 1933; auf

dem Umschlag einer späteren Ausgabe sieht man den damals etwa Sechzigjährigen ordensbehängt, mit stechendem Blick und verkniffenem Mund in die Kamera schauen. Für sich selbst hat er, trotz der vielen Orden, sicher ebenfalls das sich in der Struktur des Gutshauses niederschlagende Wesensmerkmal des ostpreußischen Volkscharakters in Anspruch genommen: «Mehr sein als scheinen.»

Auch wenn sich Bauformen nur sehr langsam wandeln, wenn sich in den Häusern selbst über Jahrhunderte hinweg kaum etwas ändert und noch dieselben Gobelins an den Wänden hängen wie zu Zeiten der Ur-ur-Großeltern, wenn das Porzellan seit Generationen an der gleichen Stelle steht, dann heißt das freilich nicht, dass alle Menschen, die in einer solchen Umgebung aufwachsen, sich besonders ähnlich wären.

Steinort hat jedenfalls sehr, sehr unterschiedliche Typen hervorgebracht. Über die ersten Gutsbesitzer weiß man wenig. So stritt sich die Forschung beispielsweise, ob der Stammvater der Lehndorffs, Fabian von Maulen (der seit 1456 unter dem Namen Legendorf auftrat), treu zum Deutschen Orden gestanden hatte oder ob er vielmehr ein Parteigänger des Königs von Polen gewesen ist.

Heute scheint man sich darüber einig zu sein, dass dieser Fabian durchaus ein Feind des Hochmeisters war. Das gefiel den national gesinnten Lehndorffs des neunzehnten Jahrhunderts offenkundig nicht; ihrem Anwesen zumindest verliehen sie, soweit es ihnen durch An- und Umbauten möglich war, das Gepräge mittelalterlicher Ordensarchitektur. Genauso wollte schon jener polenfreundliche Fabian die möglicherweise pruzzischen Wurzeln seiner Familie vergessen machen, indem er den Namen seiner aus Westpreußen stammenden Frau verwendete.

Der erste Lehndorff, der über die Grenzen Masurens

hinaus auf sich aufmerksam machte, war Ahasverus Gerhard, geboren 1637, gestorben 1688. Er war lange durch Europa gereist und dadurch auch glücklich den Tatareneinfällen Mitte der fünfziger Jahre entgangen. Nach dieser ausgedehnten Kavalierstour trat er 1665 in die Dienste des polnischen Königs Johann II. Kasimir, ab 1672 war er dann Berater des Großen Kurfürsten, 1687 wurde er in den Reichsgrafenstand erhoben. Wie so viele Lehndorffs nach ihm war er in dritter Ehe mit einer Dönhoff verheiratet, der wesentlich jüngeren Marie Eleonore, jener Marie Eleonore, die direkt nach seinem Tod Schloss Steinort, ein im Grunde sehr schlichtes, aber vielleicht gerade deshalb besonders charaktervolles Gebäude, erbauen ließ. Es stand ein paar hundert Meter entfernt von seinem Vorgängerbau, der vom Mauersee verschluckt worden war.

Marie Eleonores Schloss wollte tatsächlich, und gefiel darum Carl von Lorck wohl so besonders, nicht nach mehr aussehen, als es war. Anders die Anbauten aus der Mitte des neunzehnten Jahrhunderts, modische Geschmacklosigkeiten, die etwas «hermachen» und die vermeintlich blütenreine, unpruzzische Abstammung des Grafengeschlechts bekräftigen sollten. Bezeichnenderweise weiß man nichts von bemerkenswerten Lehndorffs jener Zeit. Allein aus dem achtzehnten Jahrhundert ist ein Abkömmling der Familie zu verzeichnen, der heute noch ein gewisses Interesse erregt: Ernst Ahasverus Heinrich, Enkel des ersten Ahasverus. Er war Kammerherr der Königin Elisabeth Christine von Preußen, der ungeliebten Frau Friedrichs des Großen also.

1727 geboren, kam er schon als Neunzehnjähriger an den Berliner Hof. Seine Aufgaben dort waren bescheiden, seinen Tagebüchern zufolge hatte er kaum mehr zu tun, als der Königin hin und wieder beim Abendessen Gesellschaft zu leisten, an Bällen und Lustspielen teilzunehmen und sich den Klatsch des Hofes anzuhören. Und so wie einen bei der Lektüre seiner umfangreichen Tagebücher zuweilen die Langeweile überkommt ob der immergleichen Abfolge von eitlen Nichtigkeiten, die die tonangebende Gesellschaft bewegen, vor allem ob der ständigen Frage, wer gerade mit wem, so wird es auch Ernst Ahasverus Heinrich irgendwann langweilig. Immer wieder plagt ihn der Überdruss. «Ich kenne niemand, der so wenig Manieren besitzt wie die Königin», schreibt er dann etwa, «wenn man ihr Treiben beobachtet, möchte man glauben, daß das Schicksal sie nur versehentlich auf den Thron gesetzt hat. Sie würde entschieden als Frau irgendeines Amtmannes glücklicher sein, weil ihr immer am wohlsten ist, wenn sie in ihrem Schönhauser Loch allerhand Zeug zusammenschwatzen kann.»

Und über den Prinzen von Hessen heißt es ebenfalls erfrischend schandmaulig: «Seine schöne Gestalt, seine ausgezeichnete Erziehung, seine hohe Stellung kann ihn vor der allgemeinen Verachtung nicht bewahren. Sein unbeständiger Charakter hat ihn viele Torheiten begehen lassen. Er ist niemals zufrieden, auch wenn er das Ziel seiner heißesten Wünsche erreicht hat. Schwiegersohn des Königs von England, Vater einer reizenden Familie, hat er sich von seiner Frau scheiden lassen, hat in seiner Leichtfertigkeit seinem reformierten Bekenntnis entsagt und ist katholisch geworden, bloß um eine katholische Gräfin zu erobern, die er für ein paar hundert Dukaten hätte haben können.»

Auch wenn der Kammerherr manchem am Berliner Hof, vor allem Friedrichs jüngerem Bruder Heinrich, sehr zugetan ist, macht ihm das Leben dort sehr zu schaffen: «Dieses tatenlose Leben, durch das ich der übrigen Welt nichts nütze, bringt mich zur Verzweiflung und ist mir eine drückende Last», heißt es in einem Eintrag aus dem Jahr 1754. Gleich der nächste Satz allerdings lautet: «Herr v. Gottler führt einen Eilwagen ein, der täglich nach Potsdam geht und in dem man an einem Tage ganz unbequem hin und zurück fahren kann und dazu für 20 Groschen.»

Ganz so arg kann es mit der Verzweiflung also nicht gewesen sein, wenn sie mit Problemen des öffentlichen Nahverkehrs auf gleicher Stufe steht. So hielt es Ernst Ahasverus Heinrich noch weitere zwanzig Jahre bei der Königin aus, bis er sich 1775 schließlich nach Steinort zurückzog.

Angesichts des Schlosses, gerade angesichts seines heutigen Zustands, lag die Vermutung nahe, dass der Kammerherr gute Gründe hatte, von Steinort fernzubleiben; so lieblich und bezaubernd die Umgebung im Sommer sein konnte, so unbequem waren zu jeder anderen Jahreszeit die Verhältnisse, so weitab vom Schuss lag das Schloss. Ein Gut in Ostpreußen vom König übertragen zu bekommen, galt unter Adeligen nicht umsonst eher als Strafe denn als Auszeichnung. Gesellschaftlich stand man hier im Abseits.

Aber wie, fragte ich mich, als ich die Eichenallee zum Schloss hinaufging, stand es um jene, die keine Wahl hatten, wie war es um die Verhältnisse derer beschaffen, die links und rechts des Weges in niedrigen Häuschen wohnten? Vor hundert, zweihundert Jahren waren es gewiss noch weitaus ärmere Hütten gewesen, enge Behausungen, in denen sich die Bediensteten und ihre Familien drängten.

Heute standen hier noch zwölf Gebäude oder zehn, wenn es nach meiner Zählung ging. Aber da begegnete ich einer Dame, die es besser wissen musste, einer deutschen Ethnologin, die an einer englischen Universität über dieses winzige polnische Dorf promovierte. Gerade hatte sie neun Monate in Steinort verbracht und die Lebensumstände der

Handvoll Bewohner studiert, die es das ganze Jahr über an diesem Ort hielt. Viel war ihr leider nicht zu entlocken, ihre Arbeit war noch unpubliziert, und wie so viele Akademiker hatte sie Angst, dass jemand ihre Erkenntnisse klaute. Immerhin gab sie zu, dass es außerhalb der Saison, wer hätte das gedacht, hier doch ziemlich einsam war.

Von den Touristen versuchte man nun zu profitieren, hatte in einer Garage einen Alkoholverkauf eingerichtet und, etwas näher noch am Schloss, einen kleinen Imbiss. Dort aß ich dann – und nicht direkt am See. Dazu hatte Bianca mich ermahnt, denn den dubiosen Besitzern des Yachthafens und des zugehörigen Restaurants sollte ich auf keinen Fall mein Geld in den Rachen werfen. Darüber hinaus folgte ich nur halbherzig ihren Ratschlägen.

Zweierlei Lehndorff

Die beiden bemerkenswertesten Lehndorffs wurden drei beziehungsweise vier Generationen nach dem mal wehleidigen, mal liederlichen Kammerherrn geboren, zwei Lehndorffs, wie sie unterschiedlicher nicht hätten sein können. Der eine ein Kauz, eine komische Nummer, ein lustiger Knabe, einer, der sich nichts sagen ließ, ein anarchischer Spaßvogel und notorischer «Leichtfink». Der andere ruhig, erdverbunden, von hohem Ehrgefühl, ein Mitverschwörer des 20. Juli.

Carol hieß der ältere der beiden, eigentlich Karl oder Carl Meinhard. Geboren, wenn man den wenigen gesicherten Angaben über ihn trauen darf, im Jahr 1860. Von diesem Carol nämlich sind mehr Geschichten und Gerüchte, mehr Anekdoten und Schwänke im Umlauf als faktische Gewissheiten. Schon früh soll er auf Steinort durch seine Streiche, seine Renitenz und Unerziehbarkeit aufgefallen sein, wobei sein Charme und sein schnelles Mundwerk ihn anscheinend stets vor Strafe bewahrten. Ja, ganz offensichtlich liebte man diesen Tunichtgut, vielleicht weil sein Wesen frei war von Allüren. Er zeigte weder Arroganz noch Egoismus, sondern war einfach der, der er war: der Carol. Eine Type, ein Original, eine ganz eigenwillige Natur.

Nur beim Skatspiel, so heißt es, kannte er kein Pardon. Wer auch immer greifbar war, musste als Skatpartner zur Verfügung stehen. Gespielt wurde bis in den Morgen hinein, Ausreden wurden nicht akzeptiert.

Am bezeichnendsten für den Übermut und die sträfliche

Verschwendungssucht Carols aber ist wohl die Geschichte mit der Eisenbahn. Sein Neffe Hans von Lehndorff erzählt sie in seinen Erinnerungen: Für die Zeit seines Militärdienstes habe ihn seine Mutter in eine kleine pommerische Garnison gegeben, die offenbar ein besonders strenger Kommandeur befehligte. Von ihm erhoffte sie sich, «daß er ihren Sohn, so weitab vom Schuß, ordentlich an die Kandare nehmen und zur Raison bringen würde». Das hat der Kommandeur wohl auch versucht, aber da er ihn nicht habe einsperren und ihm auch den Sonntagsurlaub nicht habe verwehren können, sei der Plan doch recht lückenhaft gewesen: «Onkel Carol», schreibt sein Neffe, «fuhr jeden freien Sonntag nach Berlin zum Rennen, wo er seine Freunde traf und gelegentlich auch selbst in den Sattel stieg. Da er montags um sechs Uhr früh wieder zum Dienst bei seinem Regiment sein mußte, hätte er Karlshorst eigentlich jedesmal lange vor Beendigung der Rennen verlassen müssen, um den letzten Zug in seine Garnison zu erreichen. So jedenfalls machte es sein Kommandeur, der sonntags ebenfalls zum Rennen nach Karlshorst fuhr. Nach dem Hauptrennen brach er immer zeitig auf, während Carol seelenruhig dablieb. Der Kommandeur konnte sich nicht erklären, wie sein Leutnant es schaffte, am nächsten Morgen pünktlich zur Stelle zu sein. Erst nach längerer Zeit bekam er heraus, daß Carol den Güterzug benutzte, der nachts in die gewünschte Richtung fuhr. Da das aber nur für Vieh-Begleiter erlaubt war, ließ er sich jedesmal ein Schaf besorgen, das mit ihm auf die Reise ging. In der Kaserne hatten sich auf diese Weise bereits eine Reihe von Schafen angesammelt. Das brachte den Kommandeur auf den listigen Gedanken: Nachdem er sich vergewissert hatte, daß der Güterzug erst gegen fünf Uhr dreißig eintraf, setzte er für den nächsten Montag den Dienst auf fünf Uhr fest. Trotzdem mußte er in Karlshorst erleben, daß sein Leutnant, der das Hauptrennen gewann, hinterher keinerlei Anstalten machte, den Rennplatz zu verlassen. Der Kommandeur hatte zudem das Pech, von einem Vorgesetzten ins Gespräch gezogen zu werden, als es Zeit zum Aufbruch war, und dadurch seinen Zug zu verpassen. Er warf sich zwar in eine Droschke, erreichte den Schlesischen Bahnhof aber erst, als der Zug gerade aus der Halle fuhr. Der Bahnhofsvorsteher, bei dem er sich erkundigte, ob noch eine andere Möglichkeit bestünde, zu seinem Standort zu gelangen, gab ihm den freundlichen Rat, sich ein Schaf zu besorgen und mit dem Güterzug zu fahren. Aber diesen Ausweg hatte er sich ja selbst verbaut, als er den Dienst vorverlegte. Was sollte er nun machen? Der Bahnhofsvorsteher kam ihm noch einmal zu Hilfe: ‹Sie haben Glück! Einer von Ihren Leutnants fährt heute mit einem Extrazug. Er kommt gegen Mitternacht hier durch, und wenn Sie ihn bitten, nimmt er Sie bestimmt mit. Er ist ein ganz netter Mensch.› Und so geschah es. Spätnachts gingen die Lampen an, und der vom Bahnhof Friedrichstraße kommende Extrazug fuhr ein mit Carol, der nach seinem Sieg und der anschließenden Feier in bester Stimmung war. Er gab dem Kommandeur seinen Ehrenpreis zu halten, sprach ein paar Worte mit dem Bahnhofsvorsteher, und dann fuhren beide einträchtig miteinander nach Hause.»

Onkel Carol hat nie geheiratet; von Männergeschichten weiß man aber auch nichts. Er scheint zu sehr mit seinen Schrullen beschäftigt gewesen zu sein – zumindest ging man über solche Fragen diskret hinweg. Neben dem Skatspiel und der Pferdewette war die Sammlung alter Münzen sein Steckenpferd. Über zweihundertachtzig Stück umfasste sie am Ende seines Lebens. Man sieht, dass ihn große Summen nicht schreckten, ja, er scheint sich überhaupt nicht um den Wert der Münzen, den Wert des Geldes im Allgemeinen gekümmert zu haben. Woher es kam, juckte ihn kaum. Und so ging es mit Gut Steinort – aus ökonomischer Perspektive – unter seiner Regentschaft stetig bergab. Es geriet sogar eine Weile unter Zwangsverwaltung. Was es an menschlicher Farbigkeit gewann, verlor es an materiellem Wert.

Als Carol einmal so viel verspielt hatte, nämlich dreitausend Mark, dass sein Verwalter meinte, ihm eine Standpauke halten zu müssen, erwiderte Carol: «Mit dem Jeu, das stimmt nicht! Ganz falsch! Es sind nicht dreitausend …» Impulsiv, so heißt es, unterbrach ihn sein Verwalter mit einem Ausruf der Erleichterung: «Gott sei Dank! Ich bin wie erlöst von einem furchtbaren Albdruck!» – «Stop a little», sagte Carol. «Es ist ein bisschen mehr. Es sind dreißig Dausend. Wat seggste nu?»

Ein Schelm ohne jede Großmannssucht oder, wie es in seine Zeit gepasst hätte, ohne jede Herrenreiterattitüde. Auf Bildern sieht er auch aus wie ein Maler oder eher noch wie ein Wiener Psychoanalytiker. Mit Bart und Glatze ist ihm ein irritierend grüblerischer Zug eigen, ein Merkmal, das scheinbar nicht zu seinem zuweilen fast ins Asoziale kippenden Wesen passte, seiner Verantwortungslosigkeit in finanziellen Dingen, seinem Desinteresse dem Kultur- und Wirtschaftsgut Steinort gegenüber. Ganz am Ende aber wird klar, dass er durch seine Unabhängigkeit und seinen Eigensinn dem Neffen Heinrich, der auf den ersten Blick so viel bewunderungswürdiger wirkt, moralisch in nichts nachsteht. Selbst jedem Führungswillen abhold – seine Diener machten, was sie wollten und schütteten alles zerschlagene Porzellan einfach in irgendwelche Schubladen –, hielt Carol auch von anderen Führern nichts. Über Hitler machte er sich offenbar gerne lustig.

Wobei eben nicht ganz klar ist, wie viel in Bezug auf Onkel Carol Legende ist und wie viel Wirklichkeit. Über ihn, der ein so unabhängiger Geist war, gibt es keine intellektuelle Biographie und wird es wohl auch niemals geben. Die beiden Bücher, die über sein Wirken geschrieben wurden, heißen «Der Carol. Ein halbes Schock schockierender Schwänke» (dem auch die Geschichte von den «dreißig Dausend» entstammt) sowie «Der neue Carol. Ein Halbschock neuer schockierender Schwänke». Erschienen sind beide in den sechziger Jahren, und als Verfasser firmiert ein gewisser Kl. Klootboom-Klootweitschen.

Wer auch immer sich hinter diesem Pseudonym verbirgt: Er konnte schreiben, auf eine sehr eigenwillige, fast groteske Art zwar, aber doch. Wäre Carol nicht viel zu uneitel gewesen, sich selbst ins schriftstellerische Visier zu nehmen – der Stil hätte seiner sein können.

Heinrich von Lehndorff, der ihn gemäß den Regeln des Fideikommiss in Steinort beerbte, pflegte freilich einen ganz anderen Stil. 1909 geboren, war er der Inbegriff des verantwortungsvollen, verbindlichen Landjunkers. Aufgewachsen auf dem Familiensitz in Preyl – neben den Preyler und den Steinorter Lehndorffs gab es noch die Verwandten aus Graditz und die aus Trakehnen, zu denen der Memoirenschreiber Hans gehörte –, verlebte er eine glückliche Kindheit; die Eltern verstanden sich gut, waren nicht allzu streng, wollten ebenfalls nicht mehr scheinen, als sie waren, und ließen Heinrich, seinen Brüdern und seinen Cousinen aus Friedrichstein, unter ihnen Marion Dönhoff, die Freiheit, sich in der Natur auszutoben und bei Ritten über die Stoppelfelder endlos ihrer Pferdeleidenschaft zu frönen.

Später dann ging Heinrich aufs Gymnasium in Königsberg, auf die Klosterschule Roßleben in Thüringen und studierte wohl eine Zeit in Frankfurt am Main. Wann genau er seinen Wehrdienst abgeleistet hat, ist unklar, dass er es tat, ist aber sicher, denn bei Kriegsausbruch war er Leutnant der Reserve. Sein Plan, für eine Weile nach Afrika zu gehen, ließ sich nicht verwirklichen, denn 1936 starb, so heißt es, «überraschend» Onkel Carol, und Neffe Heinrich übernahm die Leitung von Steinort.

An Afrika wird er von nun an nicht mehr gedacht haben, denn Steinort war seit jeher sein eigentlicher Traum gewesen. Heinrich war der geborene Landwirt und Gutsherr: «Nie wieder sah ich jemand, der so sehr zu Hause war in der Landschaft», schreibt Marion Gräfin Dönhoff, «vom frühen Morgen an war er pausenlos unterwegs auf seinem Besitz, prüfend, anregend, experimentierend. Da wurde drainiert und gebaut, Weiden neu angesät, Unland urbar gemacht, und jedem, dem er begegnete – Arbeiter, Pächter, Handwerker –, ging das Herz auf, wenn ihnen der große, gut aussehende Mann ein paar lustige Worte zurief oder seinen Tadel in wohlgezielten, heiteren Spott kleidete. Fremde sahen ihm lange nach, wenn er, das Vieh inspizierend, mit großen Schritten über die Weiden ging, vor der ‹Schlippe›, dem Weidengatter, kurz verhielt und sich dann mit einer eleganten Flanke darüberschwang.»

Ob Heinrich von Lehndorff wirklich gut ausgesehen hat, darüber ließe sich angesichts der überlieferten Fotografien streiten: Das kleine Kinn verlieh dem sehr langen Gesicht etwas Weichliches. Kurios aber sah er allemal aus. Seine spätere Frau Gottliebe überzeugte er allerdings weniger durch äußere Qualitäten als durch seine Erdverbundenheit – im wahrsten Sinne des Wortes. Es sei in jenem Moment gewesen, als Heinrich mit ihr auf einem Feld in

Steinort saß, die Erde durch seine Hand rieseln ließ und ihr erklärte, was alles in dieser Erde steckte, dass sie sich «rettungslos» in ihn verliebte.

Antje Vollmer erzählt in ihrem Buch «Doppelleben» die Geschichte von Heinrich und Gottliebe von Lehndorff, und sie erwähnt auch, dass er kurz vor der Hochzeit, am 1. Mai 1937, als Mitglied 5286568 in die NSDAP aufgenommen wurde. Zwei Jahre später brach der Krieg aus, Heinrich wurde eingezogen, und was er weitere zwei Jahre später an der Ostfront beobachtete, führte dazu, dass er sich dem Widerstand um Henning von Tresckow anschloss, dieser Gruppe, die immer neue Pläne entwickelte, Hitler zu stürzen, dabei aber vom Unglück und häufiger wohl noch von Unentschiedenheit verfolgt und behindert wurde.

Wie anders ist zu erklären, dass sich einige der klügsten Militärs über Jahre hinweg, über viele Jahre, den Kopf darüber zerbrachen, wie man Hitler beseitigen könnte, es ihnen, die über so viele Waffen und Bomben geboten, aber nicht gelang? Einmal schmuggelten sie eine als Cognac getarnte Flasche Sprengstoff mit an Bord des Flugzeugs, das Hitler von der Front zurück zur Wolfsschanze transportierte, doch der Zünder vereiste, und sie explodierte nicht, das Flugzeug kam nicht zum Absturz. Damals war Hitlers Tod genauso nah und wahrscheinlich wie am 20. Juli 1944. Und doch überlebte er – kein Wunder, dass seine scheinbare Unverwundbarkeit die Gegner noch mehr verunsicherte.

Versuchte man lange Zeit, Strukturen zu schaffen, die nach dem Mord an Hitler davor bewahren würden, in Zukunft von Göring oder Himmler oder gar Bormann regiert zu werden, ging es am Ende nur noch darum, ein Zeichen zu setzen: «Das Attentat muß erfolgen, coûte que coûte. Sollte es nicht gelingen, so muß trotzdem in Berlin gehandelt werden, denn es kommt nicht auf den praktischen Zweck an, sondern darauf, daß die deutsche Widerstandsbewegung vor der Welt und vor der Geschichte den entscheidenden Wurf gewagt hat», schrieb Tresckow kurz vor dem 20. Juli.

Lehndorff fungierte als eine Art Verbindungsoffizier und übermittelte auswendig gelernte Botschaften zwischen den Verschwörern. Überdies diente das Gut Steinort, aufgrund seiner Lage dazu prädestiniert, als Treffpunkt der Gruppe. Allerdings mussten Besprechungen im Wagen oder im Wald stattfinden, denn im eigenen Haus saß der Feind.

Joachim von Ribbentrop, der Außenminister des Dritten Reichs, hatte sich im linken Flügel des Schlosses einquartiert. Zwar hatte er auf seinen Briefkopf die so heroisch klingende Adresse «Im Felde» drucken lassen; im Felde und selbst in der nahen Wolfsschanze war es ihm jedoch zu ungemütlich. Er spielte gern den feinen Herrn und legte auf das «von» in seinem Namen großen Wert, wenn er dieses «von» auch erst trug, seit er sich als Zweiunddreißigjähriger aus genau dieser Prestigesucht heraus von einer entfernten Tante hatte adoptieren lassen.

So albern sein Geltungsdrang aus der Distanz erscheinen mag, war die Gegenwart Ribbentrops freilich höchst gefährlich. Wenn er selbst auch zu eitel war, um zu erkennen, dass er es nicht mit «seinesgleichen» zu tun hatte, so hätte womöglich ein kluger Mensch aus seinem Gefolge leicht erkennen können, wie Gottliebe und Heinrich von Lehndorff wirklich dachten und fühlten.

Heinrich, der tatsächlich immer wieder im Felde stand und meist nur für kurze Zeit, zur Ernte, in Steinort zugegen war, ließ sich durch Ribbentrop jedoch nicht abschrecken und auch nicht davon, dass er Frau und vier Töchter hatte.

«Wenn wir in einer anderen Zeit gelebt hätten, hätten wir noch viele Kinder bekommen», sagte seine Frau später; sie waren erst fünfunddreißig und einunddreißig Jahre an jenem 20. Juli 1944, als alles misslang (und doch nicht alles, denn immerhin hatte man es versucht und der Welt gezeigt, dass es, «coûte que coûte», einen deutschen Widerstand gab).

Gottliebes Mann hatte den Tag in Königsberg verbracht, auf Nachricht wartend. Als bekannt wurde, dass das Attentat ein Fehlschlag war, kehrte Heinrich nach Steinort zurück. Als am nächsten Morgen dann die Gestapo vor der Tür stand, sprang er zum Hinterfenster hinaus. Er wurde einige Stunden später gefasst, entwischte vor dem Gefängnis in Berlin aber erneut. Fünf Tage lang war er auf der Flucht, dann entdeckte ihn über hundert Kilometer nördlich von Berlin ein Förster und machte Meldung. Heinrich von Lehndorff hatte keine Kraft mehr; er wartete auf die Gestapo, die holte ihn auch bald, brachte ihn wieder nach Berlin. Dort wurde er gefoltert, man machte ihm den Prozess und hängte ihn noch am Tag seiner Verurteilung, dem 4. September 1944.

2009 wurde in Steinort, da war das Schloss gerade an die polnisch-deutsche Stiftung übergegangen, ein Gedenkstein aufgestellt, der an ihn erinnert; ein Grab hat er nicht, sein Leichnam wurde direkt nach der Hinrichtung verbrannt und die Asche von seinen Henkern auf den Rieselfeldern bei Berlin verstreut.

Rieselfelder? Das sind die im neunzehnten Jahrhundert angelegten Flächen zur Abwasserreinigung, natürliche Klärwerke, die den Boden extrem mit Schwermetallen belastet haben und heutzutage nur noch im Notfall die Abwässer der Stadt aufnehmen würden. Gründlicher also konnte man einen Lehndorff nicht entsorgen. Ribbentrop übrigens wurde zwei Jahre später als Kriegsverbrecher verurteilt und ebenfalls gehängt und verbrannt. Seine Asche immerhin fand in einem Zufluss der Isar Aufnahme.

Der Heimwehtourist

Ich war noch immer in Nikolaiken, den halben Sommer schon, beobachtete, wie mein Wirt fleißig Löcher in Blumenkübel bohrte, ohne dass diese irgendwann gefüllt worden wären, aß morgens drei Eier und ging abends die Hafenpromenade entlang, ließ mich, wenn die polnischen Kleinfamilien, kaum dass es dunkel wurde, schon in ihren Hotels verschwunden waren, mal hier, mal dort nieder, bestellte Bier und schaute hinaus aufs Wasser.

Hin und wieder tauchten deutsche Reisegruppen auf, muntere Senioren, die einmal noch einen Blick auf die alte Heimat werfen wollten. «Pilzköpfe» wurden sie von den Polen genannt, wegen ihrer weißen Haarhelme.

An diesem Abend waren sie zu sechst, Roswitha und Willi, Heinz und Christel, Ute und Rüdiger.

«Wodka zwei, fünf Bier, dreimal mit Honig», rief Willi und fügte hinzu: «Große Bier! Hand hoch, wer große Bier!» Nur Roswitha trank Sprudel, denn: «Einer muss ja den Weg zurückfinden.»

Alle waren sie sehr aufgeräumter Stimmung und richteten sich freudig schnaufend auf ihren Bänken ein. Die Sonne war gerade untergegangen, die Promenade leerte sich, und letzte Schiffe schipperten ein paar Meter vor unseren Augen über den Nikolaikensee.

Roswitha spielte weiter die Bedenkenträgerin. «Die Kellnerin lacht sich doch jetzt tot», sagte sie, als die Bestellung endlich aufgegeben war und die Kellnerin, die ihre Enkelin hätte sein können, hinter der Theke verschwand.

Zeit, auf Toilette zu gehen, ein kleiner Verschlag bloß

mit windschiefer Tür, sodass Heinz vorschlug, Willi solle doch Schmiere stehen, während seine Frau den Abort nutzte. Sie hatte sich, hörte ich heraus, vor ein paar Tagen schon einmal eingeschlossen und war erst nach längerer Zeit befreit worden. Christel hingegen sorgte sich eher darum, dass man durch den Hauch von Tür alles hören würde. «Wir singen ganz laut», schlug sie vor, aber da ging das Klo-Gespräch schon in der Ankunft der Getränke unter.

«Jetzt geht's los», rief Heinz munter, und mit einem Mal fingen alle an, den Hochzeitsmarsch zu singen. «Wie auf'm Traumschiff», befand Ute, und Christel meinte: «Jetzt trinken wir uns erst mal Mut an.» Willi erzählte derweil einen Witz: «Der Arzt zum Patienten: Trinken Sie viel? Nein, das meiste verschlabber ich.» Jeder, der zugehört hatte, lachte, man stieß wieder an, Rüdiger stellte fest, dass auf seinem Wodkaglas «Sobieski» geschrieben stand, «was immer das sein mag».

Ich schaute wieder hinaus auf den See und sah plötzlich Paweł die Uferpromenade entlanghumpeln. Sein Gesicht war schmerzverzerrt, nicht sehr, nicht als sei es eine frische Verletzung, was immer es war. Er schien mir fülliger als noch vor einigen Wochen, seine Haare leuchteten blonder, und ich wollte ihm schon winken, da rief Christel: «Willi, du musst deine Frau da rausholen! Die rappelt schon an der Toilettentür!» Und tatsächlich sprang Willi auf. Da gelang es Roswitha doch noch, die Toilettentür zu sprengen. «Ein bisschen zu, das reicht, dass die Tür nicht aufgeht», philosophierte sie, nachdem sie die Fassung wiedergewonnen hatte.

Paweł war unterdessen verschwunden.

Das Gespräch wogte nun einigermaßen orientierungslos hin und her, längst war es dunkel geworden, und die Kellnerinnen betrachteten mit Gleichmut uns letzte Gäste.

«Das ist Heinz und mir auch mal passiert», hörte ich Christel sagen, «mit'm Flieger über Leverkusen.»

Willi: «Was denn?»

Christel: «Dass einer brechen musste.»

Heinz: «Die größte Schweinerei ist, wenn einer brechen muss im Flieger.»

Christel: «Das stinkt monatelang.»

Heinz: «Da sagte der neben ihr: ‹Machen Sie das in die Bluse rein.›»

Willi: «Das war clever.»

Heinz: «Da hat die das zugehalten, bis wir gelandet waren.»

Alle begrüßten diese Entscheidung lauthals, nur Roswitha wusste nicht, ob sie angewidert sein sollte oder ob die Geschichte doch zum Lachen war. Verunsichert nippte sie an ihrem Wasserglas. Als ihr Mann seine Digitalkamera zückte, merkte man ihr die Erleichterung an. Endlich konnte auch sie ihren Witz unter Beweis stellen: «Jetzt macht er Brustbild.»

Ja, meinte Willi, die seien alle ruck, zuck weg, die Brustbilder, «kommen alle in den Riesenspeicher. In den Keller!»

«Prost, Willi!», hieß es da von allen Seiten; er war zweifellos der Held am Tisch. «Prostata!», sagte Willi.

Eine letzte Runde wurde noch geordert, inzwischen war auf der Promenade, es war kurz nach zehn, niemand mehr zu sehen. Man prostete sich weiter zu, redete verwegen davon, «die Schlagzahl zu erhöhen», und schüttete, um frischen Schaum zu erzeugen, Bier von einem Glas ins andere. (Christel: «Ich bin 'ne Wirtstochter, ich werd das ja wohl können!»)

Dann aber wurde das Gespräch noch einmal ernst und wendete sich linguistischen Fragen zu.

Rüdiger: «Ich hab mal 'ne Sendung gesehen über die Aussprache von die Chinesen.»

Roswitha: «Unser Stephan, der konnte ‹br› nicht sprechen als Kind.»

Ute: «Unser Enkelkind konnte kein ‹k› sprechen, der hat dann Futs gesagt, im Märchen.»

Heinz: «Ja, der Futs.»

«Wir sind jetzt in Polen», stellte Rüdiger daraufhin fest, «aber den hundertprozentigen Dialekt, den kriegen die ja nicht hin.» Er meinte das Ostpreußische.

«Ich konnte ja vieles nicht verstehen», sinnierte seine Frau, und es blieb unklar, was sie damit meinte, denn Rüdiger bekräftigte noch einmal: «Das kriegen'se nicht hin!»

«Da hab ich das Gefühl», versuchte es seine Frau erneut, «mehr deutsche Wurzeln als …», aber Rüdiger unterbrach sie unverdrossen: «Das kriegen'se nicht hin, dieses Polnisch ist dadrin.»

Jetzt mischte sich Roswitha ein: «Wenn der Opa Weihnachten kommt, ist das hundertprozentig Ostpreußisch.»

«Meine Mutter wollte das ja nicht», bemerkte Christel, «die hat das ganz schnell vergessen.»

Erschüttert verstummten alle. Dann raffte sich Willi auf, das Schlusswort zu sprechen: «Das ist ja positiv, dass ihr alle nach Hause fahrt und sagt: So schlecht war es gar nicht. Ich war ja Heimwehtourist. Für mich war es das letzte Mal.»

Da riefen alle «Nein, Willi!» und hoben wie zur Bekräftigung das Glas. Sie waren sämtlich Heimwehtouristen und wollten wiederkommen, ins Land ihrer Eltern, auch wenn die, die nach dem Krieg dageblieben waren, heute nicht mehr das reinste Ostpreußisch sprachen. Wer noch einen Schluck übrig hatte, der trank, dann wurde bezahlt. Man verabschiedete sich, schlurfte langsam davon.

Ich blieb noch ein bisschen, schaute hinaus auf den See, der eigentlich nicht mehr zu sehen war. Da kam Paweł wieder die Promenade entlanggehumpelt, sah mich, setzte sich zu mir, wir tranken ein Bier und schwiegen.

«Klops», sagte er, als die Kellnerin uns die Rechnung brachte, und klopfte mir auf die Schulter. Dann trennten wir uns.

Wolkenbewegungen

Masuren hat keinen einzigen bedeutenden Maler hervorgebracht, dabei ist es überreich an gefälligen Motiven. Die Gründe für diesen Mangel sind vielfältig, die schiere Armut der Gegend während der Hochzeit der Landschaftsmalerei dürfte einer sein. Heutzutage suchen sich die Künstler ohnehin andere Sujets.

So fiel mir nicht ein, wer diesen Anblick heute hätte zeichnen sollen, denn eine Zeichnung erschien mir angemessener als ein Gemälde. Ein paar Holländer des siebzehnten Jahrhunderts wären sich sicher nicht zu schade gewesen.

Jetzt aber stand ich ganz allein vielleicht hundertfünfzig Meter außerhalb von Spychowo und schaute zurück auf den Ort, nicht von der Hauptstraße aus, sondern von einem schmalen Weg ins Nirgendwo. Vor mir Gleise, zu meiner Rechten ein Stoppschild sowie ein rot-weißes Kreuz, das den Übergang markierte. Unter meinen Füßen knirschte der Schotter, und über meinen Kopf zogen Wolken, ein paar bloß, schneeweiß, aber sie kamen mir vor, als würden sie von weit her kommen, weitgereiste Riesenvögel, die über den Dächern des Dorfes innehielten und wie zur Entspannung ihre Flügel ausbreiteten.

Ohne die Wolken hätte etwas gefehlt, wäre der Himmel leer gewesen und nicht halb so blau, eine Bühne ohne Schauspieler.

Gemächlich veränderten die Wolken ihre Form, nachrückende schlossen auf, schoben andere ineinander, hier und da franste ein Zipfel aus, löste sich auf.

Es war früher Nachmittag und warm. Die Sonne stand in meinem Rücken und wärmte mir angenehm das Haupt. Sanft beschien sie das Haus und die beiden Schuppen in meinem Blickfeld.

Einer der Schuppen befand sich rechts, etwas abseits des Schotterwegs, grau gestrichen, mit einem rötlichen Schornstein.

Links das Haus trug ein blasses Gelb unter seinem vermoosten Ziegeldach. Der Schuppen (oder war es eine Scheune?) gleich daneben war von Bäumen verdeckt. Ein Güllewagen stand vor dem Haus. Außerdem ein leerer Anhänger, mit dem man vielleicht die zwanzig Strohballen hergeschafft hatte, die in weiße Plastikfolie verpackt am Wegesrand lagen.

Ich stand nun schon eine Weile da, aber immer noch war kein Mensch zu sehen. Ich nahm einen Schluck Wasser aus der Flasche und schaute wieder in den Himmel, wo sich bedeutende Veränderungen vollzogen hatten: Allmählich trieben die Wolken auseinander, dem nördlichen und dem südlichen Ortsrand zu. Unklar war, ob sie ihr Ziel erreichen oder vorher weiter zerfallen würden, sich womöglich ganz auflösten.

Unverrückbar standen die zwei Laternen am Wegesrand, eine vor, eine hinter dem Bahnübergang. Über hölzerne Strommasten führte eine Leitung vom Dorf nach Ich-weiß-nicht-wohin.

Ich verlagerte mein Gewicht und warf einen Blick auf die Wiesen seitlich des Weges. Grün war das Gras darauf, kniehoch, von wenigen blässlich-braunen Streifen durchzogen. Die Wiesen reichten bis an den Ort, und aus der Entfernung schienen sie Haus und Schuppen einzuschließen.

Der Weg führte geradewegs hinein ins Dorf, machte

kurz hinter dem Ortsschild aber eine leichte Biegung, sodass nicht ersichtlich war, ob weitere Gebäude am Wegrand lagen (gleichwohl wusste ich es).

Nicht «Spychowo» stand auf dem Schild, zu sehen war darauf nur die schwarze Silhouette eines Dorfes, die dem Autofahrer, der die Schotterpiste entlangfuhr, signalisierte, dass er sich nun in einer geschlossenen Ortschaft befand und die entsprechende Geschwindigkeitsbeschränkung gelte.

Vor und hinter dem Bahnübergang ragten beidseitig jeweils fünf niedrige Betonpfeiler mit rot bemalter Kuppe auf. Ihre Funktion war mir nicht klar. Waren es Warnzeichen? Sie sahen verwittert aus, das Rot war längst verblasst.

Es bräuchte wenig Farbe, wollte man diese Landschaft malen. Blau für den Himmel, Grün für die Felder, Rot fürs Stoppschild. Ein guter Maler allerdings bräuchte auch diese Farben nicht.

Ich nahm noch einen Schluck aus der Wasserflasche und stellte mir den Rand Spychowos als Federzeichnung vor, ganz in zarten Brauntönen gehalten oder mit dem Bleistift skizziert, in hellgrauer Schraffur. Aber warum überhaupt hätte jemand diesen Anblick zeichnen sollen?

Die Bahngleise kreuzten den Weg nicht im rechten Winkel, sondern leicht angeschrägt. Die Stromleitungen griffen quer übers Feld. Zum Ort hin war der Weg von niedrigen Bäumen gesäumt. Bäume standen auch in der Nähe des Schuppens rechts. Einer wurde, so sah es für mich aus, vom Stoppschild verdeckt.

Ja, ich hatte einen guten Ausschnitt gewählt, alles passte zueinander, stand in einem ausgewogenen Verhältnis, das Haus und der Güllewagen, Strohballen und Schuppen, der Weg, das Stoppschild, die Strommasten, die beiden Laternen auf ihren Betonpfeilern – schmale Pfeiler waren das, wie sie wohl nur der östliche Sozialismus hervorgebracht hat. In fünf Metern Höhe ragte eine kurze Metallstange heraus, an der die Leuchte hing. Ich war sicher, dass sie abends nicht eingeschaltet wurde.

Fuhr hier überhaupt noch eine Bahn? Es war nicht zu erkennen, ob die Gleise rechts und links des Übergangs nicht inzwischen zu einem Teil der Felder geworden und längst zugewuchert waren.

Ich hörte nichts, keinen Vogel, kein Hundegebell, kein Auto, obwohl ich in Spychowo Autos gesehen hatte. Auch einen Mann und eine Frau. Sie, mit einem weißen Oberlippenbart, hatte wohl gerade Eis gegessen.

Jetzt aber war niemand in der Nähe, ich stand ganz allein. Betrachtete erneut den Himmel. So viel Himmel und so wenig Land! Vielleicht musste ich deswegen an die niederländischen Landschaftsmaler denken, ihre Ansichten von Feldern, Baumreihen, fernen Ortschaften. Skizzen, Studien in Normalität, die einen Großteil des Papiers weiß ließen. Häufig gab nur ein Mühlenflügel über dem weiten Himmel, ein Kirchturm einen Hinweis darauf, dass irgendwo tief im Gras ein Dorf hockte.

Über Spychowo, von dem ich auch nicht viel mehr sah, hatte sich inzwischen ein Wolkenpfad gebildet und zog sich wie eine Verlängerung des Schotterwegs in Richtung Osten.

«Puppen» hatte das Dorf früher geheißen, ein rätselhafter Name. Jetzt war nichts mehr rätselhaft, Spychowo war ganz von dieser Welt. Irgendwann würde ein Mann aus dem Haus treten, seinen Trecker aus dem Schuppen holen und den Gülleanhänger in Bewegung setzen. Irgendwann würde ein Hund den Weg queren oder ein Huhn. Irgendwann würde es dunkel werden und wieder hell. So war es. Nichts Geheimnisvolles war daran. Die Metaphysik hatte hier, wie in den Zeichnungen der Niederländer, einen schweren Stand.

Nichts unpassender als Ölfarbe; alles Grelle, Laute, Spektakuläre war diesem Ort fremd. Ein Cuyp, ein Buytewech, ein Cornelis Vroom hätte das, was es zu sehen gab, in fünf Minuten aufs Papier werfen können, es wäre trotzdem, es wäre nur dann ein gutes Bild geworden. Weil nichts tief und bedeutungsvoll, erhaben oder außergewöhnlich war. Ein paar schnelle Striche, das Wort «Stop» ins Stoppschild geschrieben, das würde genügen. Dann könnte man die Gegend wieder sich selbst überlassen. Würde vielleicht weiterziehen nach Rozogi oder nach Nidzica, dort weitermachen, vielleicht neue Stifte kaufen, neues Papier.

Gab es Papier in Nidzica? Stifte in Rozogi? Ich konnte mich nicht erinnern.

In Spychowo hatte ich auf jeden Fall keinen Laden gesehen, obwohl es bestimmt einen gab. Doch jetzt, um die Mittagszeit, schlief ohnehin das ganze Dorf.

Gänzlich still war es trotzdem nicht. Es schien, als bewegte sich unmerklich die Luft und erzeugte durch Reibung ein Geräusch. Unbewegt standen die Bäume, aber wie auch die Häuser, die Felder, da war ich mir sicher, erzeugten sie ebenfalls einen leisen Ton. Tot war die Landschaft keineswegs. Auch die Wolken waren wieder in Bewegung geraten, formierten sich neu. Sonst verwandelte sich nichts. Ich verlagerte mein Gewicht wieder auf das andere Bein und schraubte die Wasserflasche zu.

Schaute in den Himmel. Schaute auf Spychowo.

Mein Nazitag

Ich war schon leicht angetrunken, als ich zum Oberkommando des Heeres kam. Aber was hätte ich tun sollen? Wieder war ich wählerisch gewesen, hatte das Schokoriegelangebot eines zweifelhaft aussehenden Dorfladens ausgeschlagen, hatte in einem Lokal so lange auf das Essen gewartet, bis ich, bevor es eintraf, zornentbrannt und noch hungriger als zuvor davonlief, und so war es Nachmittag geworden, als ich endlich ein anderes Lokal fand, direkt am Mauersee, und gegen den ersten Hunger ein großes Bier trank. Ein zweites trank ich gegen den Durst und gegen das, was mich dahinten im sogenannten Mauerwald erwarten würde.

Dort, im Wald an der Westseite des Mauersees und nur wenige Kilometer von Steinort, war ab 1940 eine riesige Anlage entstanden. Sie bot vierzig Generälen und eintausendfünfhundert Soldaten Unterkunft. Zweihundertfünfzig Gebäude sollen es einst gewesen sein; heute sind noch etwa dreißig Bunker zu besichtigen, der Rest wurde, als die Rote Armee näher rückte, in die Luft gesprengt.

Ich ignorierte den Devotionalienhandel am Eingang und schlug, in alkoholisierter Selbstüberschätzung, das Angebot einer Taschenlampe aus. Nun stolperte ich durch die Gänge der einstigen Schutzräume, sah die Hand vor Augen nicht, hörte unter mir Bohlen knacken, und mit den Haaren wischte ich, so niedrig war es, Wassertropfen von der feuchten Bunkerdecke. Fast bekam ich Mitleid mit jenen, die in einer solchen Umgebung hatten leben müssen, immer bereit, in diesen dunklen Grabkammern zu verschwinden.

Draußen tobten Schulklassen vorüber, und ich fragte mich, was der pädagogische Zweck einer solchen Unternehmung sein könnte. War es eine Maßnahme, um pazifistische Gefühle in den Heranwachsenden zu wecken? Abgeschreckt von dieser schaurigen Umgebung, war das der Gedanke, sollten sie niemals auf die Idee kommen, selber Krieg zu führen? Wohl kaum.

Irgendwann versuchte ich, den Stimmen zu entfliehen, und schlug mich dabei unbedacht ins Gebüsch. Bald wusste ich nicht mehr, wo ich mich befand. Eben noch war der Mauersee zu sehen gewesen, jetzt nur noch Buschwerk, das mir die Beine zerkratzte, Fichten und Kiefern und eine schwüle Mückenhitze, die das Bier in mir erneut zum Gären brachte.

Nach einer Weile dann stand ich wieder vor einem Bunker, einem besonders großen, den überdies eine seltsame Holzkonstruktion überspannte. War da nicht die Rede von einem Aussichtsturm gewesen? Leichtsinnig stieg ich die hölzernen Stufen hinauf aufs Dach und noch höher. Tatsächlich, ein Aussichtsturm. Nicht nur den Mauersee sah man von hier oben phantastisch, man überblickte auch den Steinorter Forst ganz hervorragend. Als wäre ich auf einem Baumkronenpfad in irgendeinem Naturschutzgebiet, betrachtete ich die Wipfel, die Grünschattierungen der verschiedenen Baumgruppen, die Hügel und Täler, die sie durch ihren unterschiedlichen Wuchs bildeten. Hier oben war die Luft zudem bewegter, ich atmete durch, und der Kopf klärte sich.

Alsbald stieg ich wieder herab und rüstete mich innerlich für den Höhepunkt des Tages. Heute machst du dir einen Nazitag, hatte ich mir am Morgen gesagt, und war dann stundenlang durch einen Wald bei Rhein/Ryn gelaufen auf der Suche nach einer Schützengrabenlinie, die kurz vor Ende des Krieges noch von den letzten verbliebenen Kindern und Alten hatte ausgehoben werden müssen. In Rastenburg, dem heutigen Kętrzyn, dann der Reinfall mit dem Mittagessen, und jetzt stand mir die Wolfsschanze bevor. Das Führerhauptquartier. Der Ort, an dem Hitler den größten Teil des Krieges verbracht hat, der Ort auch, an dem das Stauffenberg-Attentat scheiterte. Ein gruseliger Ort, hatte man mich vorher gewarnt, eine unheilvolle Atmosphäre erwarte mich da.

Die Wolfsschanze lag nur gut zehn Kilometer von «Mauerwald», der Kommandobehörde des Heeres, entfernt, aber wieso lag überhaupt eine Entfernung dazwischen? Warum hatte man nicht alles an einem Ort versammelt? Wieso war man, verdammt noch mal, nicht gleich in Berlin geblieben? Es gab zwar damals keine Computer, mit denen man von zu Hause aus Raketen auf einen Punkt am anderen Ende der Welt dirigieren konnte, aber es gab doch das Telefon! Ob es nun ein Überbleibsel aus alten, vorfernmündlichen Zeiten war, dass Hitler gemeint hatte, in der Nähe seiner Soldaten, also «im Felde» sein zu müssen, oder ob er wirklich geglaubt hatte, seine Nähe zur Front würde den Sieg dank der von ihm ausgehenden quasi göttlichen Führerenergie zwingend herbeiführen – ich weiß es nicht. Der Abstand zwischen Wolfsschanze und Oberkommando des Heeres hatte auf jeden Fall seinen Grund in militärischen Nickligkeiten der verschiedenen Abteilungen untereinander.

Schon die Schilder, die heute den Weg zur Wolfsschanze wiesen, verhießen nichts Gutes. Pseudo-altdeutsche Schrift auf einer Explosion aus Grün und Schwarz, es sah aus, als würde ein Actionfilm angekündigt. Die ersten Besucher, die mir am Eingang begegneten, Vater und Sohn, trugen denn auch Tarnkleidung.

Zögerlich ging ich über den Parkplatz auf ein Gebäude zu, eine Baracke eher, ein kasernenähnlich langgestreckter Kasten, dessen grober Verputz grün angestrichen war, in einem billigen, künstlichen Grün allerdings, das nichts mit dem Grün der Bäume ringsum, mit irgendeinem natürlichen Grün zu tun hatte. Im Erdgeschoss des zweistöckigen Baus war ein Restaurant untergebracht, und in der Nähe stand eine große Tafel, auf der erläutert wurde, wo auf dem riesigen Areal was zu finden sei. Lange starrte ich darauf, konnte mir aber nur mühsam merken, welcher Bunker einst welche Funktion innehatte. Der Souvenirladen war zudem schon geschlossen, sodass ich weder einen Lageplan erstehen konnte noch «Video kasety» oder einen «Specjal stempel».

Also machte ich mich ein wenig ratlos auf den Weg und folgte einem ausgeschilderten Parcours, vorbei an Trümmern, halbüberwucherten Betonteilen und großen Tafeln, die in fünf Sprachen davor warnten, die einsturzgefährdeten Bunkerreste zu betreten. Schon bald stand ich an der Stelle, an der Stauffenberg die Bombe deponiert hatte. Hätten es nicht zwei sein sollen? Hatte Stauffenberg nicht eine zurückgelassen, weil deren Zünder defekt war? Vor Nervosität nicht bedenkend, dass die erste Bombe schon für die Zündung der zweiten sorgen würde?

Sofort befielen mich lauter Was-wäre-wenns, ich dachte an all die Millionen, die – vermutlich – nicht hätten sterben müssen, hätten Stauffenberg und seine Mitverschwörer Erfolg gehabt, sagte mir aber zugleich, dass es doch lächerlich sei, hier zu stehen und sich betroffen zu fühlen. War es nicht allein meine gute Erziehung, die dafür sorgte, dass mich an diesem Ort, wie auf Knopfdruck, angemessen schlechte Gefühle befielen? War es nicht Vorwissen, was mein Empfinden beeinflusste?

Was hatte es überhaupt mit dem Kult auf sich, der um bestimmte Orte − Delphi, Montaignes Turm, das Buddenbrookhaus − gemacht wurde, auch um solche wie die Wolfsschanze oder den Obersalzberg, sogenannte «böse Orte», negative Erinnerungsorte, an denen sich die Geschichte des Nationalsozialismus auf gewisse Weise verdichtete? Was verrieten sie uns über die Vergangenheit? Konnte man von ihrem Anblick mehr oder anderes lernen als aus einem Buch? Oder war ihnen tatsächlich eine bestimmte Atmosphäre eigen? Konnte in Peenemünde gar nichts anderes entstehen als die Heeresversuchsanstalt? War Nürnberg das Reichsparteitagsgelände gewissermaßen vorherbestimmt? Lag über der Wolfsschanze wahrhaftig eine Aura, die alles Gute fernhielt, gleich einem Schirm, der positive Strahlen abwies?

Stand man erst einmal vor dem Bunker Nr. 3, dort, wo das Attentat verübt worden war, ließen sich all diese Fragen nicht mehr entscheiden, dann war es schon zu spät, dann waren all die Gefühle und Gedanken und das, was sie ausgelöst hatte, eins geworden. Also ging ich weiter, vorbei am Gästebunker, am Bunker von Bormann, Hitlers Sekretär. Ganze Arbeit war hier geleistet worden, das meiste war, anders als beim OKH, bis zur Unkenntlichkeit zerstört.

Dann aber kam Bunker Nr. 13, der Führerbunker, ein riesiges Betontier, mit einem dicken Panzer aus Moos und tiefen Rissen, die wie tausend Jahre alte Falten wirkten. Ein Gebäudewesen aus unvordenklichen Zeiten, unwirklich und unheimlich, Lovecraft hätte es sich für sein «Cthulhu» nicht besser ausdenken können. Daneben eine naturkundliche Tafel, die auf die Fledermäuse hinwies, die heute in dem Bunker lebten.

Immer wieder war der Bau mit neuen Betonschichten

überzogen worden, bis zu sieben Meter dick waren die Wände am Ende, die Bedingungen darin unbequem, Hitler hatte es so gewollt. Er inszenierte sich als asketischer Soldat und hatte einen für ihn auf Schloss Ziegenberg in der Wetterau errichteten Kommandostand («Adlerhorst») zurückgewiesen, mit der Begründung, er sei zu komfortabel. Das konnte man von der Wolfsschanze wahrlich nicht behaupten. Es war ein Ort für Maulwürfe, für weitgehend empfindungslose Menschen, feucht und mückenverseucht.

Errichtet von Arbeitern der Organisation Todt, umfasste die Anlage einst tausend Hektar. Ganz in den Wald eingelassen und mit riesigen Tarnnetzen vor Spähern geschützt, gelang es den Russen erst zwei Jahre nach seiner Erbauung, und zwar mit Hilfe einer Spionin, das Hauptquartier zu lokalisieren.

Die Sicherheitsmaßnahmen allerdings waren enorm: Die Bunker wurden durch mehrere Minengürtel geschützt; fünfundfünfzigtausend Sprengsätze mussten nach Ende des Krieges entschärft werden. Schon damals war es einer der trostlosesten Orte, die man sich vorstellen kann.

Nach einer langen Weile ging ich weiter und folgte dem Parcours bis zurück zum Parkplatz. Kurz bevor ich ihn erreichte, sah ich ein Schild, das mich stutzen ließ: «Hotel.» Es hing über dem Seiteneingang des länglichen, in so künstlichem Grün gehaltenen Gebäudes.

Ein Hotel? Hier? Staunend blieb ich stehen. Gäste sah ich keine, aber es brannte, wie ich durch die Glastür sah, Licht im Foyer. Da war auch ein langer Gang, und ja, am anderen Ende, im Erdgeschoss, war doch das Restaurant gewesen. Ich schaute mir den Kasten noch einmal genauer an, ging dann zu der Tafel, auf der sich die Geländeübersicht befand. Da war es tatsächlich als Hotel ausgewiesen.

Ich hatte es also auch hier mit einem historischen Gebäude zu tun. Es hatte während des Zweiten Weltkriegs ebenfalls der zeitweisen Unterbringung gedient. Es war ein SS-Hotel.

Konnte das wirklich sein? Wie konnte man so ein Hotel einfach weiterführen? Und was waren das für Menschen, die hier, und sei es auch nur für eine Nacht, ihren Urlaub verbrachten? Ich war perplex. Ich schüttelte den Kopf. Dann ging ich hinein und nahm mir ein Zimmer.

Die junge Rezeptionistin hatte lange blonde Haare und lächelte freundlich, als sie mir den Schlüssel gab. Dann schickte sie mich den Gang hinunter. An den Wänden hingen, was man «Schinken» nennt, idealisierte Naturdarstellungen mit Bächlein und Mühlrädern und verschneiten Tannenhainen.

Die Türen waren aus Pappe, in Nummer 28 sang jemand zur Gitarre. Ich schloss mein Zimmer auf, trat hinein und wurde vom beißend-scharfen Geruch fast umgeworfen. Desinfektionsmittel. Schnell lief ich zum Fenster und öffnete es. Draußen war die Luft, obwohl der Wald nur wenige Schritte entfernt lag, erstaunlicherweise nicht viel besser. Flach atmen also. Dann nahm ich mein Zimmer beziehungsweise meine Zelle in Augenschein: ein schmales Bett, ein winziger Tisch, ein Stuhl. Der Teppich war schwarz-grau gemustert, und ich würde achtgeben, ihn nicht barfuß zu betreten. Das Bett sah frisch bezogen aus, an Fuß- und Kopfende schaute allerdings die Matratze hervor, sie war tiefbraun, und das war nicht ihre natürliche Farbe. Doch ein Zurück gab es nicht; ich hatte es, in einem Anfall von übertriebenem Forscherdrang, so gewollt. Also legte ich meine Sachen ab und ging zurück ins Foyer, wo die Rezeptionistin in einem Roman las.

Dort war eine Fotowand, die viel polnische Prominenz beim Besuch der Wolfsschanze zeigte, aber da hingen auch Bilder von Rita Süssmuth, General Norman Schwarzkopf und König Juan Carlos. Eine skurrile Mischung, wobei die Aufnahmen von bemerkenswert schlechter Qualität waren, vor allem das Bild von Rita Süssmuth erinnerte an grob gerasterte Fahndungsfotos aus den siebziger Jahren. Die ehemalige Bundestagspräsidentin sah aus wie eine RAF-Terroristin.

Dann ging ich noch einmal hinaus, stellte aber fest, dass das Restaurant schon geschlossen hatte. Also kaufte ich bei der Rezeptionistin, die weiterhin freundlich und, wie mir jetzt auffiel, sehr amerikanisch-professionell lächelte, eine Flasche Bier. Damit setzte ich mich auf ein wackliges Sofa gleich neben dem Eingang. Aus Nummer 28 drang weiterhin Musik, sonst tat sich nichts. Die Rezeptionistin las in ihrem Roman, und ich trank mein Bier. Irgendwann hörte die Musik auf, ein dickliches Pärchen eilte durch den Gang, dann kamen zwei junge Polen, die der Rezeptionistin eine Weile Gesellschaft leisteten.

Ich kaufte noch ein Bier, fragte sie, ob sie die ganze Nacht hier Wache halten würde, was sie bejahte, und ging wieder auf mein Zimmer. Dort zog ich mich aus und legte mich ins Bett.

Draußen heulte etwas, ein Wolf, dachte ich erst, du bist auf der Wolfsschanze, aber das war natürlich Unsinn, ein Hund war es, ein verängstigter, vor verzweifelter Einsamkeit heulender Hund.

Bald verklang auch das Heulen. Dann hörte ich nur den glucksenden und gurgelnden Spülkasten in der schmalen Nasszelle am Kopfende meines Bettes. Neun traumlose Stunden später wachte ich wieder auf und fuhr, ohne auch nur an Frühstück zu denken, davon.

Nur Nordkalifornien

«Jetzt sind wir schon den dritten Tag in Jerusalem, und noch hat mich keine der erwarteten Gefühlsbewegungen überkommen: weder religiöse Begeisterung noch Erregung der Phantasie, und auch kein Haß auf die Priester, was immerhin etwas heißen will. Ich fühle mich angesichts all dessen leerer als ein hohles Faß. Tatsache ist, daß heute morgen am Heiligen Grab ein Hund bewegter gewesen wäre als ich.»

Das schreibt Gustave Flaubert im Tagebuch seiner Orient-Reise. Wie jeder Reisende hat er sich von seinem Ziel zuvor ein Bild gemacht. Viele Jahre schon wollte er sich den Orient anschauen, und als es dann so weit war, im Jahr 1849, und er in Jerusalem stand, trat die Wirklichkeit in Konkurrenz zu einer lang entwickelten Vorstellung. Dabei ist schwer zu sagen, ob Flaubert wirklich enttäuscht war, als er nicht die erwarteten Gefühle entwickelte. Eher scheint mir, dass ihm gerade die Unvollkommenheit einige Lust bereitet hat. Ausführlich schreibt er über den Schmutz und die Armut, denen er begegnet, er berichtet auch von der Unbill des Reisens, den mannigfachen Widrigkeiten, denen man auf einem so langen Weg ausgesetzt ist (das war damals wohl nicht anders als heute, beziehungsweise ist es heute oftmals nicht anders als damals). Ich glaube, er genoss die Unberechenbarkeit des Reisens, die Möglichkeit, stets überrascht zu werden. Er liebte das Chaos und die Mangelhaftigkeit. Mit einem geradezu erotischen Interesse an der fremden Umgebung notiert er in seinem Tagebuch alles, was seine wachsamen Augen wahrnehmen.

Natürlich könnte man einwenden, dass Flaubert Schriftsteller war und Schriftsteller von Berufs wegen dazu neigen, sich alles sehr genau anzuschauen und Unbekanntes in sich einzusaugen. Aber wer einmal «Madame Bovary» gelesen hat, wird feststellen, dass auch in Flauberts Orient-Tagebuch diese beinahe kindliche Neugier seinem Gegenstand gegenüber spürbar ist: «Wir berühren fast die Stadtmauern; das ist es also!, sagen wir uns in unserem Inneren. Monsieur Stephano, mit seinem Gewehr über der Schulter, empfiehlt uns sein Hotel. – Wir ziehen durch das Jaffa-Tor ein, ich lasse beim Betreten seiner Schwelle einen Furz los, ganz unwillkürlich; im Grunde war ich sogar ärgerlich über diesen Voltairianismus meines Anus.»

Eine gewisse Unbefangenheit, möchte ich meinen, gehört zum Reisen unbedingt dazu. Man muss bereit sein, die vorher entstandenen Erwartungen, die Bilder, die man entwickelt hat, zu korrigieren oder gleich ganz über Bord zu werfen. Ein anderer Franzose, Pierre Loti, tat sich zuweilen schwer damit. Vierzig Jahre nach Flaubert war er ebenfalls im Heiligen Land unterwegs, und was er sich dort erhoffte, war nichts weniger, als jene Welt zu finden, in der Jesus gewirkt hatte. Das konnte natürlich nur schiefgehen: «Überraschend erschallt jetzt sogar ein Refrain aus Berliner Wirtsstuben, der plötzlich, wie eine ironische Dissonanz zwischen diesen leichten und unveränderlichen Geräuschen uralter Abende in Judäa ertönt: deutsche Touristen, die schon seit Sonnenuntergang da sind und in Zelten der Agentur lagern; eine Schar Reisender von ‹Cook›, hierhergekommen, um diese kleine, leicht zugängliche Wüste zu sehen und zu entweihen. Nach Mitternacht, als endlich alles zur Ruhe gekommen ist, gehört die Stille den Nachtigallen, die die Oase mit herrlichem und kristallklarem Gesang erfüllen.»

Nun, es ist wohl eine naive Vorstellung, dass man selbst nicht zu jenen gehört, die bloß Touristen sind. Wer wie Loti mit dem Kamel über den Sinai angeritten kommt, statt sich von «Cook» ankarren zu lassen, verspürt sicher eine gewisse Überlegenheit über jene, die nicht die größtmögliche Beschwernis auf sich genommen haben. Mehr noch aber mag bei Loti ausschlaggebend sein für seine Verachtung der Berliner Reisegruppe, dass er sich selbst in der Vergangenheit wähnt. So glaubt er in Jerusalem «bei jeder Straßenbiegung der Jungfrau Maria zu begegnen».

Dazu gehört in der Tat eine bedeutende dichterische Vorstellungskraft, eine Empfänglichkeit, die weit über das normale Maß hinausgeht: «Die Rufe des Muezzins haben aufgehört; Dämmerung und Stille werfen ihren Zauber über diese Via Dolorosa, die ich gestern als alltäglich und enttäuschend im hellen Tageslicht wahrgenommen hatte; das Geheimnisvolle des Halbdunkels verwandelt sie; schon ihr Name, den ich in mir ausspreche, ist geheiligte Musik, die große Erinnerung scheint aus jedem Stein zu singen.»

Loti, könnte man sagen, blieb seinen Vorstellungen treu. Er projizierte sie, so irgend möglich, auf die Wirklichkeit. Und wenn er tagsüber zu viel Dreck und Kot auf den Straßen gewahrte, schaute er sich eben des Nachts um, träumte sich, wie es sich gehört bei Dunkelheit, in eine ferne Welt. Flaubert dagegen schrieb von den Wanzen, auf die er sich am Abend bettete.

Unterschiedlicher also könnten diese französischen Reisenden nicht sein, aber eins ist ihnen doch gemein: Beide vermuteten sie in der Fremde eine Ursprünglichkeit, die sie daheim nicht mehr zu finden vermochten (und beide fanden sie diese in der Ferne auf ihre jeweilige Weise). Dieses

Motiv des Reisens hat sich bis heute erhalten, ja es ist ein ebenso bedeutender Antrieb aufzubrechen wie die Suche nach Erholung.

Zumindest geht es mir immer wieder so, und ich kann noch so oft enttäuscht werden, kann noch so oft erleben, dass mein Reiseziel meinen Vorstellungen von ihm geradezu hohnlacht, beim nächsten Mal erhoffe ich mir doch wieder, nicht nur in einem anderen Land, sondern auch in einer anderen, besseren Zeit zu landen, ganz wie Pierre Loti, der sich zurückversetzen will in die Zeit, als Herodes in Judäa herrschte.

Wer nach Ursprünglichkeit sucht, den verlangt es nach Reinheit und Unschuld. Dieser Wunsch ist wahrscheinlich so alt wie die Menschheit selbst, denn wir tragen doch immer ein idealistisches Bild der Vergangenheit mit uns herum. Dass es vor zweitausend oder auch vor hundert Jahren genauso einen Alltag gab wie heute, dass jedermann zu jeder Zeit alltägliche Mühsal und Unbill erfuhr, vergessen wir dabei schon mal, ja wir können es uns gar nicht vorstellen, so sehr ist unser Kopf von Bildern alter Tempel oder von singenden, sensenschwingenden, in lustige Trachten gekleideten Menschen auf goldenen Getreidefeldern beherrscht. Wenn in unseren eigenen Erinnerungen auch häufig langweilige, traurige oder gar traumatische Erlebnisse aufscheinen, können wir uns solches von der Vergangenheit nicht vorstellen. Den anderen ging es doch offensichtlich gut, wenigstens sehen die Fotos und Gemälde in der Regel danach aus. Und überhaupt, es scheint den meisten Menschen das Leben doch immer leichter zu fallen als einem selbst!

Wir verreisen auch, damit andere einmal auf uns neidisch sind. Fatal nur, dass wir dabei eine Ursprünglichkeit suchen, die wir selbst nie erlebt haben, das macht es doppelt schwer, sie aufzuspüren. Wer zum Beispiel einmal in Masuren gelebt hat, in den zwanziger Jahren etwa, der wird auch fünfzig oder sechzig Jahre später noch hier und da Spuren von diesem früheren Leben gefunden haben. Wer allerdings, wie ich, keine eigenen Erinnerungen an ein anderes Masuren besitzt, der kann auch keine Gerüche wiedererschnuppern, keine Wege wiederentdecken, keine Höfe oder Häuser wiedererkennen. Und doch besteht die Hoffnung, einen allgemeinen Eindruck zu gewinnen, sich sein Gestern selbst zu konstruieren. Der Suche nach einer heileren, ursprünglicheren Welt ist paradoxerweise eine gewisse Rauheit und Unvollkommenheit besonders förderlich, zumindest heutzutage. Wer aus den geglätteten Kulturlandschaften des Westens kommt, den verlangt es nach einer Art Naturzustand. Dafür ist er durchaus bereit, auch wenn er auf Flaubert'sche Bettgenossen gerne verzichtet, gewisse Unbequemlichkeiten in Kauf zu nehmen. Nur versiegelte Böden, sterile Einkaufszentren, Felder ohne Feldrain, eine Landschaft also, die bis auf den letzten Meter dem wirtschaftlichen Nutzen unterworfen ist, das will er nicht mehr sehen. Lieber sind ihm da Schlaglöcher und Mückenschwärme.

So ging es auch mir, als ich nach Masuren kam. Wie beseelt saß ich, nachdem ich den Berlin-Warschau-Express der Deutschen Bahn in Posen verlassen hatte, bei meiner Anreise in den tiefen, ausgeleierten und abgewetzten Sesseln eines uralten polnischen Regionalzugs, blickte auf den Klapptisch unterm Abteilfenster (der mich tatsächlich an meine Kindheit erinnerte) und entdeckte auf der Unterseite – welch alkoholische Verworfenheit! – einen Kronkorkenheber. Dazu roch es überall ganz herrlich nach kaltem Zigarettenrauch. Ich war nahe daran, die Polen, ohne auch nur einen einzigen von ihnen schon kennengelernt zu haben, für ihr gesundes Verhältnis zu Alkohol und Nikotin zu preisen.

Von der vermeintlichen Ursprünglichkeit der masurischen Landschaft hatte mir schon mein vielgereister Nachbar vorgeschwärmt: «Einzigartig schön», hieß es bei einer Begegnung im Treppenhaus, «du glaubst es nicht.» Wirklich unvergleichlich sei es hier; er habe keine Worte dafür. Dann aber beschwor er doch immerhin eine halbe Stunde lang Hügel, Sandwege, Seen und schüttelte auf Fragen nach der Ägäis, der Toskana, der Provence nur verächtlich den Kopf. «Nur Nordkalifornien», so viel räumte er irgendwann immerhin ein, «kommt da heran.» Er kenne übrigens einen berühmten Dirigenten, der fahre ständig nach Masuren, auf den Spuren der deutschen Vergangenheit, jede Schiene würde der abfotografieren, wenn nur ein deutscher Herstellername aufgeprägt sei (später fiel mir ein Buch über Schloss Friedrichstein in die Hände, das besagter Dirigent herausgegeben hatte).

Masuren machte offenbar süchtig; wer einmal dort gewesen war — und der Nachbar stand damit nicht allein —, schien unrettbar verloren an diese Gegend. Also hatte ich all die Wunderbarkeiten vor Augen, die endlosen Wälder, die wilden Tiere, riesige Bäume, verwunschene Seen, blühende Wiesen, eine einzige Kitschpostkarte.

Wo auch immer ich dann aber aus dem Zug oder Bus stieg, wo auch immer ich mein Auto zur Nacht parkte, waren nicht Wälder und Seen zu sehen, sondern Straßen und Häuser. Und die konnten beim besten Willen nicht mit jenen in Nizza, Florenz oder Barcelona konkurrieren, ja ihr Anblick hatte eine mitunter geradezu niederschmetternde Wirkung auf mich, es waren schmucklose Zweckbauten ohne Geschichte, und auch die Häuser, an denen stolz ein Baujahr prangte, das achtzig, neunzig oder über hundert

Jahre zurücklag, besaßen weder Charme noch Charakter; stattdessen bröckelnde Fassaden und schiefe Fensterrahmen, auf eine Weise schief und bröckelig, dass nicht einmal Ruinenromantik aufkam. Dem Verfall war beim besten Willen keine poetische Seite abzugewinnen.

Achtzig, neunzig Prozent des Ortes seien im Zweiten Weltkrieg zerstört worden, so hieß es über jeden Ort in Masuren. Und was seitdem gebaut wurde, zeugte von mageren, freudlosen Zeiten. Es setzte gleichwohl fort, was zuvor geschaffen worden war. Als ich einmal nach Gilgenburg kam, hatte ich ein Foto in der Tasche, das ich mit der Wirklichkeit abgleichen wollte. Es zeigt den Gilgenburger Marktplatz vor dem Ersten Weltkrieg: eine riesige wellige Fläche, aus Tausenden von Kopfsteinen gepflastert. Darauf spielten, was den Platz noch größer und schöner wirken ließ, zwei kleine Mädchen in Röcken. Im Hintergrund war eine Häuserreihe zu sehen, schmale, zweistöckige Gebäude, eins am anderen, die im Erdgeschoss kleine Geschäfte beherbergten. «Hugo Murasch» stand auf einem, «Adolf Lewinski» auf einem anderen. Es war naturgemäß eine Schwarzweißaufnahme und besaß allein deswegen eine gewisse Aura.

Als ich nun den Marktplatz von Dąbrówno betrat, wie Gilgenburg heute hieß, war ich sofort überzeugt, dass alles hin war und nichts mehr übrig von der damaligen Bebauung.

Tatsächlich war der Marktplatz nun teilweise asphaltiert und in der Mitte, wie hierzulande üblich, zu einem Parkplatz umgestaltet. Als ich aber das Foto aus der Tasche zog und mich an die Stelle stellte, die der Fotograf hundert Jahre zuvor für seine Kamera ausgewählt hatte (sicherlich so ein großes hölzernes Gerät auf einem dreibeinigen Stativ), musste ich feststellen, dass besagte Häuserreihe komplett erhalten war, ja was ich sah, stimmte beinahe vollkommen mit dem überein, was der Fotograf hundert Jahre zuvor gesehen hatte, nur die Ladenschilder fehlten. Bei genauerer Betrachtung sah ich die geringen Abweichungen in der Traufhöhe, sah die unregelmäßige Aufteilung der Fenster. Ich stand, wenn man so wollte, im Gestern.

Doch es war kein erhebendes, es war im Gegenteil ein sehr ernüchterndes Gefühl. Dabei konnte man nicht einmal sagen, dass diese graue Häuserreihe besonders trostlos gewirkt hätte, nur besaß sie für mich eben keine Aura. Es fehlte dem ganzen Platz an Atmosphäre; es war wie auf so vielen anderen Plätzen in Masuren: Sie luden nicht zum Verweilen ein. Man stellte nur schnell sein Auto ab und erledigte, was es zu erledigen gab, es war geradezu amerikanisch, auch die meisten amerikanischen Städte hatten, umzingelt von Einkaufsmalls, ihr Zentrum längst verloren, waren gesichtslos geworden.

So, dachte ich da, würde ich auf jeden Fall nicht weiterkommen auf meiner Suche nach Ursprünglichkeit. Ich musste die Städte verlassen und raus aufs Wasser, in die Einsamkeit der Natur. Ich musste paddeln gehen.

Schwabka

Regen schärft die Sinne, meinte Robert Louis Stevenson, als es ihn und seinen Begleiter auf einer Kanufahrt durch Belgien und Frankreich schwer erwischte. Auf jeden Fall steigert Regen den Adrenalinspiegel, gerade wenn er mit starkem Wind und Wellen einhergeht, man auf einem Boot ohne Kiel unterwegs ist und nicht weiß, wo man sich befindet. Obwohl, ich wusste schon, wo ich war, irgendwo bei Sorquitten. Nur wusste ich nicht, in welche Richtung es ging. Rechts oder links? Den See entlang oder diesen kleinen Fluss da vorne? Wo ich schon einmal da war, entschied ich mich für den Fluss, eher ein Bächlein eigentlich, ständig schrabbte ich mit dem Unterboden über Steine und Baumstämme.

Als ich dann in den nächsten See geriet, kam der Regen mit einem Mal wie ein großer schwerer Vorhang vom Himmel gerauscht, die Wellen rollten über den Bug, das Wasser verfärbte sich von Grün zu Dunkelgrün zu Schwarz, und ich bemerkte, dass meine Regenjacke absolut regendurchlässig war. Wohin ich sollte, wusste ich freilich immer noch nicht. Nach Süden, klar, aber wo war Süden? Wild schaukelte mein Kajak hin und her, eine so schöne Erfindung eigentlich, das Kajak, so einfach und doch so effektiv, eine Art Fahrrad des Wassers. Man bewegt bloß ein bisschen die Arme und kommt ganz hervorragend voran. Im Idealfall zumindest.

Es braucht dazu nicht einmal viel Material, ein Paddel bloß und ein großes Stück zum Hohlkörper geformten Kunststoff. Stabil und billig. Und wenn man die Eskimorolle beherrscht, kann einem auch stärkster Wellengang nichts anhaben. Ich beherrschte sie natürlich nicht. Ich beherrschte nicht einmal den Spritzschutz, der wenigstens meinen Unterkörper vor Nässe schützen sollte; ständig sprang er ab. So war meine erste Garnitur Oberbekleidung nach ein paar Minuten völlig durchnässt. Eine zweite hatte ich aus Platzgründen nicht eingepackt.

Die Kruttina! Was hatte ich davon nicht Sagenhaftes gehört: Wie schön sie sei! Wie wunderbar! Wie herrlich und bezaubernd! Die großartigste Paddeltour Nordostpolens, nein, ganz Polens, wenn nicht Europas, oder eigentlich doch: der ganzen Welt. «Der Mercedes unter den Paddeltouren», wie sich eine flüchtige Bekanntschaft ausgedrückt hatte. Eine Strecke von hundert Kilometern, durch zwanzig Seen, verbunden durch zahlreiche kleinere und größere Flüsse, der längste unter ihnen: die Kruttina. Mitten durch den Masurischen Landschaftspark führt sie, Landschaftsschutzgebiet also, zu großen Teilen wild und nahezu unberührt. Ein Zauberfluss, den nicht nur Ernst Wiechert besungen hat. Aber noch schaukelte ich ganz in der Nähe der Einlassstelle und wusste nicht, wo lang.

Und ich schaukelte heftig. Ohne Eskimorolle, mit der Könner ein gekentertes Kajak wieder aufrichten, dachte ich, würde es mich bald endgültig umwerfen. Ich würde, vom Spritzschutz zusätzlich fixiert, in diesem engen Kajak kopfüber stecken bleiben und ertrinken. Oder, noch schlimmer, das Kajak würde mir beim Umkippen einen Schlag auf den Kopf versetzen, und bewusstlos sänke ich hinab. Dort gäbe es dicke Algen, dunkles Kraut, das mir ein finsteres Grab bereiten würde. Düstere Fische lauerten dort, die mir, wäre ich erst einmal aufgeweicht, mit ihren dicken Mäulern das Fleisch langsam von den Knochen saugen würden. Der Grund des Sees, ich gestehe es, flößte mir

Angst ein. Das Meer hingegen ängstigt mich nicht; es ist so unermesslich tief. Bis man gekentert auf seinem Grund ankommt, ist längst alles vorbei.

Es war auch weniger der Seegrund selbst als sein glitschiger Bewuchs, die ekligen Würmer, Schlangen, Schnecken. Ich brauchte also, um mich dem See zu stellen, all meinen Mut. Fürchten tat ich mich trotzdem. Er machte es mir nun auch nicht gerade leicht, der Lampaschsee. Denn so hieß er. Ich war nämlich richtig. Vor mir tauchte zweifellos jene Burg auf, die meine vor der Abfahrt konsultierte Seekarte verzeichnet hatte. Als ich es sicherheitshalber noch einmal überprüfen wollte und mühsam unter meiner nutzlosen Regenjacke nach der Karte wühlte, musste ich allerdings feststellen, dass aus dem Papier ein Haufen weißer Bröckchen geworden war. So sah es in Hosentaschen aus, wenn man vor der Wäsche vergessen hatte, das Taschentuch herauszunehmen.

Dennoch. Ich war richtig, zweifelte nur noch ein kleines bisschen und paddelte tapfer weiter.

Bis mein linker Ellenbogen zu schmerzen begann. Enorm zu schmerzen begann er. Irgendetwas lief da falsch. Ob ich meine Fahrt gleich am ersten Tag, nein in den ersten Stunden wegen einer Sehnenentzündung würde aufgeben müssen? Da fiel mir zum Glück ein, wie ich vor Jahren einmal mit einem Freund auf der Mecklenburger Seenplatte gepaddelt war, in einem offenen Kanadier zwar, mit einem Stechpaddel und nicht mit dem Doppelpaddel, das man für Kajaks verwendet. Da hatte es mich völlig fasziniert, wie wenig Armkraft man benötigte, um voranzukommen. Jetzt fiel mir auch der Grund dafür ein: Man benutzte eben gerade nicht die Muskeln von Ober- und Unterarmen, sondern die des Rückens! Ich änderte also meine Technik, und der Schmerz verschwand. Vorerst.

Vorerst ließ auch der Regen nach. Ich kam einigermaßen voran: durch den Pillackersee und den Langendorfer See und durch schmale, flache Verbindungsflüsse. Einer, hieß es, führe manchmal so wenig Wasser, dass man sein Boot einen Kilometer weit tragen müsse. Ich hätte meins nicht einen Meter weit tragen können, so schwer war es. Und immer wieder spürte ich, wie Steine, Stöcke und das Flussbett selbst den Boden meines Kajaks nach oben bogen. Aber auf Grund lief ich nicht.

Manche Stellen waren so verkrautet, dass ich mein Paddel kaum ins Wasser bekam. Außerdem passierte ich ein paar stromschnellenartige Stellen, die mich jedoch nur wenig beunruhigten. Anders die Baumstämme, die auf den Flussabschnitten immer wieder dicht unter der Wasseroberfläche zu sehen waren: moosbepelzte Wesen aus der Vorzeit; sie waren mir unheimlich.

Es gab auch Muscheln am Grund, Millionen Muscheln. Und Fische, ganze Schwärme, die bei meinem Näherkommen davonstoben. Einmal sogar schossen sie zu Hunderten in die Luft und fielen prasselnd ins Wasser zurück. Graureiher sah ich, Kormorane und allerlei Entenartiges. Die Ufer waren dicht bewaldet, an den Flüssen standen die Bäume wie dunkle Soldaten Spalier.

Menschen sah ich nicht. Niemand war unterwegs, und das machte mir alles noch unheimlicher. Keiner ahnte, wo ich war, keiner konnte mich retten, falls mir etwas geschah. Nur hin und wieder, wie aus dem Nichts, trat gespenstisch und wortlos ein Angler aus dem Schilf. Ansonsten: keine Flugzeuge am Himmel, keine Überlandleitungen, nicht einmal das Rauschen eines Autos in der Ferne. Abgeschiedene Einsamalleinigkeit.

Oder doch nicht? Nach zehn, fünfzehn, vielleicht auch nur nach fünf Kilometern – ich hatte in der Nässe jedes

Gefühl verloren, manchmal meinte ich, Sonnenstrahlen würden durch das Grau der Wolken dringen, aber dann waren es doch nur immer neue Regensäulen, die sich über die Seen schoben – unterquerte ich eine Brücke und bald darauf eine zweite. Dann kam ich in den bis dahin größten, breitesten See und sah am Horizont wieder eine dieser dunklen Regenwände, die mich den ganzen Tag über gepeinigt hatten. Der Wind wurde wie üblich stärker, und ich kämpfte mich mit letzten Kräften, mit schmerzenden Ellenbogen, schmerzendem Rücken, ja schmerzenden Fingern über diesen Riesensee zum gegenüberliegenden Ufer, um dort im Schutz eines Campingplatzes meine Wunden zu lecken.

Irgendwie schaffte ich es, schleppte mich, ohne erst mein Zelt aufzubauen, in die Gaststube, orderte Bier, viel Bier, und ließ mich niedersinken. Da bemerkte ich, dass ich nicht allein war, am Nebentisch saß eine Gruppe munterer Senioren, und sie winkten mich zu sich herüber. Also erhob ich mich wieder und gesellte mich zu ihnen, froh darüber, doch nicht der letzte Mensch auf Erden zu sein. Zwei Ehepaare waren es, die Männer Lehrerkollegen in Rente, höfliche, zurückhaltende Menschen. Aber wer war diese Frau, die das Gespräch dominierte, und was war das für ein Singsang mit all diesen spitzen «i»s und «ei»s? Ostpreußisch etwa? Hatte ich meine erste Ostpreußin vor mir?

– «Schwabka», sagte sie, «Schwabka» nannten sie mich, die anderen Kinder, die Polen.

– Wurden Sie während des Krieges geboren?

– Während des Krieges? Sie Charmeur, Sie!

Und später: «An die Flucht kann ich mich gut erinnern. Aber meine Mutter wollte dann ja zurück. Und dann gab man uns einen polnischen Pass. Aber die anderen Kinder nannten mich ‹Schwabka›. Dann gab es auf die Fresse.»

Rüstig war gar kein Ausdruck für die Person, die mir da gegenübersaß, und ihr Name war Maria. Zum fünfunddreißigsten Mal machte sie jetzt die Kruttina-Tour, was wohl bedeutete, dass auch sie an diesem Tag hierhergepaddelt war, nach Bienki, gemeinsam mit ihrem Mann Dietrich oder Diederich, den sie jedoch stets mit einem polnischen Kosenamen belegte, der klang wie «Didgeridoo».

Aber das konnte nicht sein, sagte ich mir, es durfte nicht sein. Das, was ich nur kraft meines unbändigen Willens fertiggebracht hatte, konnte diese mehr als doppelt so alte Person doch nicht … mit der Kraft der Erfahrung … Oder? Ich fragte lieber nicht.

Ihre blauen Augen blitzten mich an, seit 1930 auf Krawall gebürstet. Inzwischen nannte sie mich «Söhnchen» und machte sich mit der Kellnerin auf Polnisch über mich lustig.

Also noch ein Bier, während Dietrich erzählt, wo sie überall schon gewesen sind, seit sie es 1981 geschafft hatten, Polen zu verlassen, bezeichnenderweise mit einem Touristenvisum. Die beiden, ja alle vier am Tisch waren äußerst reisefreudige Menschen und berichteten von Kanutouren in Kanada, von Neuseeland, Vietnam und – wie sie viertausend Kilometer um Island herumgefahren waren: «Wir haben jede warme Quelle mitgenommen.»

Um kurz nach sieben ging man, so wild war das Leben dann doch nicht, zu Bett.

So wachte ich am nächsten Morgen schon um vier Uhr auf, kroch aus meinem Zelt und sah die Sonne über dem Białe-See aufgehen. Nebel lag noch über dem Wasser und tiefe Stille über dem Campingplatz. Nur auf dem Steg stand schon eine rüstige alte Dame und schaute in die Ferne.

Ich fühlte mich gut. War der Vortag auch anstrengend gewesen, hatte ich ihn doch schon fast vergessen. An die Wege selbst kann man sich später kaum erinnern, dachte ich noch, eher bleibt das Ziel im Gedächtnis haften. Danach dann dachte ich gar nichts mehr. Ich kletterte ins Kajak, packte das Paddel und fuhr los, teilte den Nebel und tauchte in die Flüsse ein, in die Seen.

Ich fuhr und fuhr an diesem Tag, meine Arme fühlten sich wirklich hervorragend an, das Wetter war wunderbar. Ich hörte wohl tausendmal den Kuckuck, sah zwei Fischadler, einen davon mit Fisch, hielt Ausschau nach Spechten, meinte einen Pirol zu erspähen, beobachtete Enten, wie sie den Schlick wegschlabberten, und hielt immer häufiger meine Hände ins kühle Wasser, um sie davon abzuhalten, Blasen zu entwickeln.

Anzuhalten hatte ich keine Lust. Einmal wollte ich mich auspaddeln, wollte so lange durchs Wasser gleiten wie irgend möglich. Ich liebte nun das leise Rauschen meines Bootes, genoss die Geschwindigkeit, das Pfeilartige meines Vorankommens.

Einmal tauchten zwei Schwäne auf und fauchten mich an, der eine biss in mein Paddel, der andere ins Heck meines Bootes. Mehr passierte nicht, nur dass ich immer müder und müder wurde. Trotzdem ließ ich die nächsten Campingplätze unbeachtet und fuhr weiter.

Als ich gegen Abend in Cierzpięty anlangte, hatte ich fast vierzig Kilometer zurückgelegt und konnte mich kaum noch bewegen. Auf dem Campingplatz päppelte mich eine alte Dame mit Kräutertee auf («Sie sehen so müde aus!») und gab mir aus ihrer umfangreichen Reiseapotheke eine Salbe für meine verbrannten Lippen. Sie selbst nahm schnell ein paar Magnesiumtabletten, «weil ich doch nachts immer so Krämpfe in den Waden habe».

Langsam lutschte ich ein Eis, baute mein Zelt auf und ging schlafen.

Am nächsten Tag blieb ich in Cierzpięty, am Mokre-See. «Das heißt Muckersee!», wies mich ein älterer Herr zurecht, der zwar Pole war, den polnischen Namen des Sees aber nicht gelten lassen wollte: «Muuuuckersee!», rief er.

Mir war es nur recht. Der See gefiel mir, und das Aufmüpfige seines Namens passte gut zu ihm. Er hatte Charakter. Es war der größte See bisher, acht oder neun Kilometer lang, mit zwei kleinen Inseln auf halber Strecke. Am nördlichen Ende, kurz vor der Einmündung zur eigentlichen Kruttina, lag der Campingplatz, der mich tags zuvor so gnädig aufgenommen hatte, unter Kiefern und direkt am Wasser.

Warm war es auf dem Campingplatz, so warm, wie es eben nur zwischen sommerlichen Kiefern warm sein konnte. Eine wohlriechende, angenehm backende Hitze erfüllte die Luft, dreißig oder vierzig Holzhütten, Ferienhütten, standen über das Gelände verteilt. Noch aber, zwei Tage bevor die Sommerferien begannen, war nur eine Handvoll Sommerfrischler da.

Der Muckersee-Pole zeigte mir stolz seinen kleinen Elektromotor, der ihn und seine Schaluppe zum Angeln bringen sollte. «Der fängt nichts», rief mir abschätzig ein dicker Warschauer zu, der in der Nähe stand, aber das traf den Muckersee-Polen nicht. Sein Vater, sagte er, habe hier nach dem Krieg die Fischereigenossenschaft aufgebaut und ihm damals auch gezeigt, wie man fischt. In der Zwischenzeit habe er zwar alles vergessen, aber jetzt draußen auf dem See erinnere er sich nach und nach wieder. Er würde schon noch etwas fangen.

Der Warschauer präsentierte mir später stolz sein selbstgezimmertes Miniatursegelboot. Es war zwar nur einen Meter lang, bot dem dicken Mann aber genug Platz für seine Ausflüge und verfügte sogar über einen Kiel, «neunzig Zentimeter», erklärte er stolz. Dummerweise kam er damit nicht in die Kanäle und Flüsse hier in der Gegend und musste sich auf den großen, tiefen Muckersee beschränken.

Ich lief noch etwas herum, hörte, wie eine Frau, während sie sich sonnte, ohne Unterlass auf ihren schlafenden Hund einredete. Ich beobachtete drei Männer, die vom Angeln kamen und vor ihrer Hütte ihre Angeln pflegten, spazierte ins nächste Dorf und ließ mich von weniger dösigen Hunden verbellen. Schließlich aß ich zwei Schnitzel, schaute auf die Kiefern, auf den See, stellte fest, dass die Bedienung im Campingplatzrestaurant eine Zahnspange trug, und bewegte mich nicht mehr.

Nachts gewitterte es dann, und tags darauf fühlte ich mich wie neugeboren. Mein Rücken schien mir kräftig wie nie, und die Hände sahen ungewohnt rosig aus, als hätte das Paddel sie abgeschmirgelt.

In rauschhafter Schönheit lag der morgendliche Muckersee vor mir. Nachdem der Regen die Sinne geschärft und ich mich auch körperlich ausgetobt hatte, war es nun, so dachte ich, an der Zeit, paddelnd in einen Trancezustand zu geraten, in einen buddhistischen Schwebezustand. So zumindest war es Robert Louis Stevenson ergangen, als er in Frankreich unterwegs war und nach Tagen des Regens endlich die Sonne durchbrach: «Gedanken präsentierten sich ungebeten, es waren nicht meine Gedanken, es waren eindeutig die eines anderen, ich betrachtete sie wie einen Teil der Landschaft. Kurzum, ich vermute, dass ich dem Nirwana so nahe gekommen bin, wie es im wirklichen Leben nur möglich ist, und wenn das der Fall war, dann möchte ich den Buddhisten aufrichtig gratulieren; es ist ein angenehmer Zustand, nicht ganz mit geistiger Genialität vereinbar, nicht wirklich rentabel aus ökonomischer Perspektive, aber sehr friedvoll, golden und gelassen, und er stellt einen Menschen über seine Ängste. Man kann es wohl am besten damit vergleichen, sturzbetrunken zu sein und gleichzeitig vollkommen nüchtern. […] Dieser Geisteszustand war der große Gewinn unserer Reise, wenn man sie als Ganzes betrachtet. Er war das entlegenste Ziel, das wir erreichten. Tatsächlich liegt es so weit entfernt von den ausgetretenen Pfaden der Sprache, dass ich nicht erwarte, Sympathie für die lächelnde friedliche Idiotie meines Zustands zu gewinnen; als Ideen kamen und gingen wie Stäubchen im Sonnenlicht; als Bäume und Kirchtürme von Zeit zu Zeit in meiner Wahrnehmung aufragten wie massive Gebilde in einem vorbeiziehenden Wolkenland; als das rhythmische Planschen des Boots und des Paddels im Wasser ein Wiegenlied wurde, das meine Gedanken einlullte; als ein Schlammspritzer an Deck mir manchmal ein unerträglicher Anblick und manchmal fast ein Gefährte und das Objekt freundlicher Überlegungen war – die ganze Zeit über, während der Fluss dahinströmte und die Ufer sich auf beiden Seiten wandelten, zählte ich unverdrossen die Ruderschläge und vergaß dabei Hunderte und war das glücklichste Geschöpf in ganz Frankreich.»

Allerdings trieb Stevenson derart selbstvergessen vor sich hin, dass ihn irgendwann ein über den Fluss ragender Baumstamm aus dem Boot und ins Wasser warf.

Das würde mir ganz gewiss nicht passieren, dachte ich, als ich mein Kajak bestieg, ich war ein achtsamer Mensch, hochkonzentriert, gerade wenn es darum ging, ein Boot zu besteigen, so wie jetzt am Muckersee, wo der Einstieg wirklich komfortabel war, so niedrig, und das Wasser so ruhig. Ich wunderte mich, was Stevenson doch für ein Träumer gewesen sein musste, stellte ihn mir vor, wie er aus seinen buddhistischen Phantasien erwachte und pitschnass ans Ufer schwamm, dieser dünne Mann, also wirklich, dachte ich, als ich den zweiten Fuß nachzog, mein Kajak unerklärlich ins Wanken geriet, ich den Halt verlor – und der Länge nach im Muckersee landete.

Da dachte ich mit einem Mal nicht mehr an Stevenson. Es war wohl eher die Frage: Was hast du in deinen Hosentaschen?, die mich panisch aufspringen – das Wasser war an dieser Stelle keinen Meter tief – und ein zweites Mal das Gleichgewicht verlieren ließ. Mit noch mehr Schwung als beim ersten Sturz fiel ich erneut ins Wasser, mit all den Sachen in meinen Taschen. Ich war nämlich dem Rat des größten lebenden Reiseschriftstellers gefolgt und trug die wichtigsten Dinge am Körper: Handy, Brieftasche, Notizbuch. Dabei hatte ich nicht bedacht, dass der größte lebende Reiseschriftsteller in aller Regel zu Fuß unterwegs war, er war ein Wanderer, kein Wasserwanderer, bei ihm wurden die Dinge nicht so schnell nass.

Eilig riss ich sie heraus, legte sie in die Sonne und mich, pitschnass, aber lachend, daneben.

Rak

Fortan war es die reine Freude, auf dem Wasser unterwegs zu sein. Ich war durch Regenwetter und Sonnenschein gepaddelt, ich hatte mit dem Wasser gekämpft, hatte es bezwungen und mich schließlich auf ihm ausgetobt; ich hatte sogar Freundschaft mit dem geschlossen, was unter mir liegen mochte. Ich liebte mein Kajak, und ich hatte, wenn auch unfreiwillig, so etwas wie meine Taufe erhalten. Poseidon oder wer auch immer für die masurischen Gewässer zuständig war, befand sich, da hegte ich keinen Zweifel mehr, auf meiner Seite.

So fuhr ich die Kruttina hinunter, an Krutyń und Ukta vorbei, nächtigte in Nowy Most und beendete meine Fahrt schließlich in Ruciane-Nida.

Was ich nicht gesehen habe: das ehemalige «Junkerherrenhaus» in Jędrychowo (so nannte es eine Broschüre, die ich mit mir führte) und den umgebenden Park, wo offensichtlich «eine der größten Magnolien Polens» zu bewundern gewesen wäre; Eisvögel; die drei «dystrophischen» kleinen Seen bei Zgon mit «saurem Wasser und Reliktenflora in den Litoraltorfmooren», Uhus, Gänsesänger, Wildschweine, Hirsche und Elche.

Was ich vermutlich gesehen, aber nicht als solche erkannt habe: die «Algensorte aus der Gruppe der Rhodophyceae, die Hildebrandtia rivularis», Hopfenkletterer und Uferzaunwinde im Erlenwald am Fluss Chmielówka, die Fähre, die angeblich auf dem Białe-See «kursiert», eine Kolonie von Krebstieren («Pallasea quadrispinosa»), grüne Süßwasserschwämme.

In der Gegend um Nowy Most war ich noch einmal völlig gefangen von der unüberschaubaren Schilf- und Sumpflandschaft, die sich beiderseits des Flusses erstreckte. Wieder war ich, nach einem trubeligen Mittelstück, allein auf dem Fluss unterwegs. Selbst Vögel waren kaum zu hören. Es war einer jener Orte, an denen man zu zweifeln beginnt, ob es den Rest der Welt überhaupt gibt, ob man sich nicht plötzlich auf einem ganz anderen, fernen Planeten befindet. Es hätte mich nicht gewundert, wäre noch eine zweite Sonne über dem Wasser aufgegangen.

Sonst dachte ich nicht viel. Und wenn sich Gedanken präsentierten, dann waren es wie bei Stevenson die eines anderen; sofort vergaß ich sie wieder.

Dafür gab ich mich, kaum hatte ich das Ziel der Tour erreicht, der Campingplatzbeobachtung hin. So gut hatte es mir in Bienki gefallen, dass ich von Ruciane-Nida aus gleich wieder an den Anfang der Route zurückkehrte, dorthin, wo ich zum ersten Mal Ostpreußisch gehört hatte. Inzwischen waren die polnischen Sommerferien ausgebrochen, und der Platz war bis ans Ufer hin gefüllt mit Zelten. Dreiundvierzig Stück zählte ich, und nicht zwei davon waren identisch.

Im Wasser wurde lautstark um Luftmatratzen gekämpft. Auf dem Steg schrieb ein vielleicht dreizehnjähriges Mädchen fleißig Zettel voll, ohne Interesse daran, sich zu bräunen, wie ihre viel spärlicher bekleideten Kameradinnen es taten. Irgendwann erhob sie sich, um etwas zu holen, da pustete der Wind all ihre Zettel in den See. «Your papers!», rief ich laut. Sie folgte mit dem Blick meinem ausgestreckten Zeigefinger, und bevor sie die Zettel zu retten suchte, schlug sie sich, ich hatte so etwas bis dahin nur in Filmen gesehen, die Hände vor den Mund. So verharrte sie einen erstaunlich langen Moment, die Augen schreckgeweitet. Da war es dann schon zu spät, alle Tinte zerlaufen und die Trauer groß.

Stundenlang saß ich im Gastraum, wo man etwas Warmes essen konnte und die Campingplatzgebühr entrichtete. Solang ich dasaß, tauchten immer neue Frauen aus der Küche auf: Die eine nahm die Bestellung entgegen, die andere kassierte, eine dritte brachte das Essen. Ich fragte mich, wie viele wohl noch mit Schnitzelklopfen, mit Kartoffelschälen, mit Kohlraspeln beschäftigt waren. Die Vielzahl der Angestellten erklärte immerhin die enorme Sammlung an Porzellan- und Holzkatzen, die den Raum bis unter die Decke schmückte. Ein paar getrocknete Fischköpfe hingen freilich auch an den Wänden.

Meist aber war der Gastraum leer, niemand außer mir saß bei dem schönen Wetter drinnen. So hockten die Campingplatzfrauen in der Küche zusammen, vom Gastraum und Tresen aus nicht einsehbar. Für sie war es umgekehrt ebenfalls nicht möglich zu bemerken, wenn jemand hereinkam und etwas kaufen oder bestellen wollte. So verbrachten die scheuen Gäste ganze Viertelstunden damit, auf Bedienung zu warten. Andere riefen etwas schneller «Hallo» oder «proszę», warten aber mussten die meisten. Eine Klingel gab es erst gar nicht, man wollte es den Gästen offensichtlich nicht allzu leicht machen.

Einmal betrat ein Zehnjähriger den Raum und bestellte Pommes frites. Geduldig wartete er, schaute nicht ein einziges Mal auf das Handy, das in einer durchsichtigen Plastiktasche um seinen Hals hing. Dann wurden ihm die Pommes gebracht. Mit glühenden Augen nahm er sie entgegen, verteilte andächtig Ketchup über den Teller und begann zu essen, Pommes für Pommes, einen nach dem anderen, niemals zwei auf einmal. Es dauerte entsprechend lange, bis er aufgegessen hatte. Dann schaute er doch noch auf sein Handy und verließ den Raum.

Ein älterer Herr, dauergebräunt und mit Spitzbauch, in Sandalen und kurzer Hose, halb grün, halb lila, trieb sich, die Shorts immer sauber bis zum Bauchnabel hochgezogen, häufig im Speiseraum herum und hofierte die Wirtin beziehungsweise Oberkellnerin und Campingplatzwartin. Deren enormer Busen lud allerdings auch unbedingt dazu ein. Ihr fettiges und zugleich schuppiges Haar dagegen minderte ihren Sex-Appeal beträchtlich. Sie verstand übrigens Deutsch, verlangte im Gegenzug aber von jedem Deutschen, dass er auch Polnisch verstand. Vorher rückte sie kein Bier heraus.

Es war gerade Paarungszeit, und die männlichen Libellen fielen knisternd übereinander her. Der Sieger schließlich durfte mit der Dame einen Ring bilden. Als solcher Paarungsring flogen sie eine Weile umher. Hernach beobachtete der Herr noch, wie die Dame die befruchteten Eier ablegte, indem sie ihr Hinterteil hier und da ins Wasser tippte.

Gegen Abend entdeckte ich im See, unterhalb des Stegs, einen Krebs, ein riesiges ur- und eiszeitliches Tier. Ich stupste ihn an, und wie von einer Tarantel gestochen, der er erstaunlich ähnlich sah, legte der Krebs den Rückwärtsgang ein und schoss davon, katapultierte sich rasend schnell zwei Meter zurück in Richtung Ufer. Dort verharrte er dann reglos und beobachtete, was weiter geschehen würde. Ein kleiner Junge, dem ich den Krebs zeigte, holte schnell seinen Vater. Der aber war überhaupt nicht beeindruckt und sagte, es gebe drei-, viermal so große Krebse hier in den Seen. Wie sie auf Deutsch hießen, fragte er mich. «Rak», sagte er, heiße Krebs auf Polnisch.

Später trafen noch eine Frau und ihre fünfzehnjährige Tochter ein. Umständlich landeten sie das Kanu an, die Tochter folgte, mit hängenden Schultern zwar, aber ohne zu zögern, den Anweisungen der Mutter. Die, mit goldenem Hut auf dem Kopf, betrat, nachdem die Tochter ins Wasser gestiegen war und angestrengt das Kanu an Land gezogen hatte, trockenen Fußes und stolz erhobenen Hauptes den Campingplatz. Es waren Franzosen, und der Tochter war es sichtlich peinlich, mit der Mutter zu reisen.

Der Tag senkte sich, und Vater und Sohn warfen die Angelschnur aus.

Zwei alte Männer, die in einem eingewachsenen Wohnwagen hausten, karierte Hemden trugen und dichte Bärte, schalteten ihr Radio an. Sie hatten ihre Angeln nur zur Tarnung neben sich liegen, da war ich sicher, warum sonst aßen sie jetzt Fisch aus Konserven.

Andere duschten, saßen beim Bier. Träge Feierabendruhe nach einem erfüllten Ferientag machte sich breit.

Eine mollige Deutsche saß auf den Stufen zum Steg und zeichnete mit feinem Strich das Seepanorama. Will sie eine treue Beobachterin sein, dachte ich, der ich am Ende des Stegs saß und die Füße ins Wasser baumeln ließ, müsste ich nun mitten in ihrem Bild sitzen. Und während also sie mich zeichnete, dachte ich, sitze ich da und schreibe sie in mein Bild hinein. Alle wollen wir Abbilder schaffen, jeder für sich und ein ums andere Mal. Aber offensichtlich musste es so sein.

Der Samstagskindergarten

Ich war mal wieder in Ostróda, in der Herder-Straße, vor einem Gebäude, auf dessen vergilbter Fassade in altdeutscher Schrift ein Name prangte: «Deutsches Haus». Im Vorgarten standen ein paar Blumen in Reih und Glied. Das Ganze sah recht traurig aus, und Herr Hoch, der Hausherr, schaute mich auch erst einmal sehr skeptisch an: Was magst du denken, junger Mann? Zum Glück hatte ich ein Mitbringsel dabei; es half, die Situation zu entspannen, auf beiden Seiten. Fast wurde gelächelt.

Herr Hoch war Vorsitzender der Deutschen Gesellschaft «Tannen», ein kräftiger und zweifellos auch tatkräftiger Mann. Er hatte allerhand zu tun, wie er mir erklärte, heute in Ostróda, morgen in Allenstein, übermorgen in Stuttgart, um, was war das noch? Eine Kulturbeauftragte oder -praktikantin für die Region mitauszuwählen.

Als kräftiger Mann schnaufte Herr Hoch auch kräftig und stellte mir ein Bier vor die Nase. Er selbst durfte nicht trinken, er musste noch fahren. Und schon schimpfte er auf den Zustand der Straßen und Gleise. Dabei war man doch einst stolz gewesen auf die masurische Eisenbahn! Ob ich Arno Surminskis «Die Reise nach Nikolaiken» kenne? Er habe sich seit langem schon dafür eingesetzt, dass Herrn Surminski hier eine Ehrung verliehen würde, und nun wäre es bald so weit, es galt nur noch, Termine abzustimmen.

Dann begann er, mir die Geschichte der Deutschen Gesellschaft Osterode zu referieren: Gegründet wurde sie kurz nach Ende des Kommunismus. Das «Deutsche Haus», das Gebäude also, in dem wir uns befanden, wurde der Gesellschaft 1994 zur Verfügung gestellt. Dann können Sie also nichts für die Fassade, dachte ich, hielt mich aber zurück und sagte nichts. Innerlich beschimpfte ich mich für meine Überheblichkeit. Anscheinend gehörte ich auch zu der Generation, über die mein Gastgeber nun traurig den Kopf schüttelte: Nichts als ihr eigenes Leben interessiere sie, keiner von ihnen engagiere sich mehr für eine größere Sache.

Womit wir wieder beim Thema waren: Was sei denn nun eigentlich Zweck, Aufgabe und Funktion der «Tannen»-Gesellschaft? Warum überhaupt so ein Verein? Mein Gegenüber schaute mich ernst an. Das kulturelle Erbe zu bewahren und weiterzutragen. Eine Handarbeitsgruppe gebe es hier, einen Chor und dann natürlich den deutschen Samstagskindergarten. Er erhob sich, um mir die entsprechenden Räumlichkeiten zu zeigen.

Der Samstagskindergarten werde übrigens besonders gut angenommen, erläuterte er, während ich die reichhaltige Sammlung an deutschen Gesellschaftsspielen bestaunte; so führe man die Kinder ganz zwanglos an die deutsche Sprache heran. Man bemühe sich darüber hinaus darum, alte Kirchen wieder instand zu setzen, wie hier zum Beispiel, in Marienwalde – mein Gastgeber zeigte auf ein Foto an der großen Fotowand. Man sorge auch dafür, dass Denkmäler restauriert würden. Dort könne ich den Bürgermeister von Ostróda sehen, gemeinsam mit dem Bürgermeister von Osterode, der Partnergemeinde im Harz und Namenspatronin der Stadt – «Deutscher Orden, Sie wissen schon» –, wie sie kürzlich die Einweihung des Drei-Kaiser-Denkmals in Ostróda feierten. So könne man das heute natürlich nicht mehr nennen, Drei-Kaiser-Denkmal, deswegen heiße es jetzt Denkmal der Europäischen Verständigung oder Einheit oder Gemeinschaft (ich kann mich schon im selben Moment nicht mehr an den *exakten* Namen erinnern).

Da sei auf jeden Fall dieses Denkmal gewesen, ein Brunnen eigentlich, dessen Mittelsäule die Bildnisse der drei Kaiser zierten, den habe die Rote Armee zerstört, als sie 1945 nach Ostróda kam; einen Teil des Denkmal-Brunnens aber habe man Jahrzehnte später bei jemandem im Garten gefunden, zurückgekauft, restauriert und auf den noch erhaltenen Sockel gesetzt.

Langsam stieg mir das Bier zu Kopf, und nachdem mich Herr Hoch mit allerlei Druckwerk versehen hatte, das er seinem vollgewuselten Büro entnahm, verabschiedete ich mich.

Abends am See dann, ganz in der Nähe des Europäischen Drei-Kaiser-Verständigungsdenkmalbrunnens, blätterte ich in all den Zeitschriften und Broschüren, die mein tatkräftiger Gesprächspartner mir in die Hände gedrückt hatte. Da war die «Osteroder Zeitung. Heimatbrief der Kreisgemeinschaft Osterode Ostpr. e.V.», ein dickes Heft mit allerlei Berichten von Dorftreffen, Schülertreffen, Hauptkreistreffen und zahlreichen Jubiläumsfeierlichkeiten. Abgedruckt fand ich auch die Schifffahrtspläne der Reedereien H. Schroeter & Co. und A. Tetzlaff für die Strecken Osterode–Elbing und Osterode–Tharden am See aus dem Jahr 1935. Zahlreiche Fotos von Soldatenfriedhöfen nach alten Ansichtskarten rundeten das Ganze ab.

Dann war da noch das «Mitteilungsblatt der deutschen Minderheit in Ermland und Masuren», eine zweisprachige Broschüre, die unter anderen «Ein altes Problem – die Jugend» aufgriff. Außerdem der Bericht über eine Auszeichnung, die dem Schriftsteller Arno Surminski in Allenstein zuteilgeworden war (hatte ich da etwas durcheinandergeworfen? Oder Herr Hoch? Oder waren wir in ein Zeitloch geraten? Die Auszeichnung, oder war es eine andere, stand doch noch aus!).

Die Deutsche Gesellschaft Allenstein, erfuhr ich aus einer anderen Broschüre überdies, sei besonders aufmüpfig und nahe daran, sich aus dem Verband der Deutschen Gesellschaften zu verabschieden. Vielleicht war das sogar schon geschehen. Rechtsfragen standen noch im Raum.

Erschöpft legte ich die Papiere beiseite und schaute auf den See. Die Drähte einer Wasserskianlage waren in drei Metern Höhe über die Wasseroberfläche gespannt und blitzten nun im Abendlicht. Die Sonne brauchte noch etwa zwei Meter, um auf Sonnenuntergangsrot zu schalten, Eltern führten ihre Kinder spazieren, Männer ihre Frauen. Da trat mit vollendeter Höflichkeit ein ärmlich gekleideter Mann an meinen Tisch. Er stellte sich vor, schüttelte mir die Hand, sagte etwas, das ich nicht verstand – was ich ihm wiederum sagte. Er atmete einmal tief durch ob dieser ausländischen Herausforderung, kramte einen Złoty hervor, zeigte darauf, machte dann die typische Trinkbewegung und sagte «piwo». Da verstand ich, gab ihm einen halben Liter Bier in Münzen und schaute ihm hinterher, wie er in den Sonnenuntergang entschwand.

Ortelsburger Impressionen

Ein Mann, der Kippen aus den Abfalleimern klaubt. Sein Plastiktütchen ist schon fast voll.

Ein Markt, ein Wirrwarr aus Buden, Ständen, auf dem Pflaster hockenden Menschen. Dill, Schnittlauch, Lauchzwiebeln, Gurken, Gurken, Gurken, Eier, Gurken, Tomaten, Knoblauch, Kleider, Gurken, Lippenstifte, Angeln, Taschenlampen, Luftballons, Bücher, Kochgeschirr, Kohlköpfe, Fliegenklatschen, alles für Pfennigbeträge. Es ist Heidelbeerzeit. Eine Mutter sitzt mit ihrem Sohn auf einem Schemel und hat genau zwei Plastikschälchen Heidelbeeren vor sich stehen, zum Verkauf. Ich kaufe eines.

Eine alte Frau, die mit debilem Lächeln hinter ihrer Kiste Gurken sitzt, neben sich eine alte Waage aus Eisen mit nur zwei Gewichten. Sie lächelt unverändert, als ein Mann kommt, es ist wohl ihr Sohn, abwiegt, was am späten Vormittag übrig geblieben ist, die restlichen Gurken in eine Tüte kippt und diese am Fleischstand nebenan einzutauschen versucht. Dann lässt er sich von der alten Frau ihren Geldbeutel reichen, Geld wandert von ihrem in seinen, ein paar der Münzen schiebt er durch die Durchreiche des Fleischstands. Schließlich werden Kiste, Waage und lächelnde Mutter mit ernstem Gesicht davongetragen.

Der Marktplatz ist riesig, zig Fußballfelder groß, aber nicht einmal die Hälfte der Stände ist besetzt. Wüst sieht der Platz aus, und in der Julisonne wirbelt der Staub.

Ein flaches Gebäude, in dem weitere Fleischstände untergebracht sind und auch die Toiletten. Alles ganz und gar von Harngeruch durchdrungen.

Später in einem Vorgarten ein Fass mit der Aufschrift: «Kraftstoff 200. Wehrmacht. Feuergefährlich. 1942».

Kleine kriegerische Kobolde bevölkern die Stadt. Einer von ihnen klettert einen Laternenpfahl hinauf. Einer schwingt ein Schwert, ein dritter reitet ein Schwein. Alle sind sie aus Metall.

Dann, am Kleinen Haussee, ein Mann, der in Abfalleimern nach Bierflaschen schaut, aus denen sich noch ein Schluck trinken lässt. Als er zwei Frauen auf der Bank neben dem nächsten Eimer sitzen sieht, zögert er und geht schließlich, ohne nach Trinkbarem gefischt zu haben, vorüber.

Im Heimatmuseum Fotos der Zerstörungen von 1914. Eine Trümmerlandschaft. Daneben ein paar Überlebende. Sie schauen in die Kamera, als wären sie Indianer aus Papua-Neuguinea und würden zum ersten Mal in ihrem Leben einen solchen Apparat sehen. Ein Henkerblock.

Das Ortelsburger Wappen: ein springender Hirsch neben drei Kiefern.

Im Restaurant, am Nebentisch, Frauen um die vierzig, vier Freundinnen, alle tragen sie die Sonnenbrille im Haar, alle sind sie gepflegt, gut gekleidet, lachen, schnattern, flüstern, werfen Blicke, geben sich stolz und selbstbewusst, vier Freundinnen eben, die Spaß haben am Leben, die ihrem Körper nur das Beste gönnen.

Am Nebentisch eine Familie mit zwei Kindern und Groß-mama. Die Zahnspangentochter verschwindet für eine halbe Stunde auf der Toilette, der achtjährige Sohn kommandiert die Kellnerin. Paterfamilias mit Schmerbauch und Künstlerbrille schaut grinsend zu. Madame Mama versucht noch etwas Erziehung.

Am Nebentisch eine Zwergin, so breit wie hoch, also ungefähr Tischbein. Die eigenen Beine stecken in weißen Stretchhöschen, die Krücken lehnen am Stuhl, das Alter, wie häufig bei Zwergen, ungewiss.

Mitten in der Stadt das Gefängnis. Eine junge Schwangere redet über die Mauer hinweg mit dem Vater des Kindes, sichtlich genervt.

Frauen in orangefarbenen Signalwesten rupfen das Unkraut um die Straßenbäume, überall gibt es Döner Kebap, aber kein einziger Türke ist zu sehen (überall Pizza, aber nirgends Italiener).

Zwei alte Männer oder zwei Männer, die alt aussehen, Männer mit dunklen, ledrigen Gesichtern, Gesichtern von Säufern, ins Purpurne changierend. Sie gehen oder wanken, um nicht umzufallen, Hand in Hand.

Hinter der wüsten Weite des Marktplatzes ein Niemandsland aus Garagen, Hunderte Garagen, eine neben der anderen, ganze Garagenreihen, ja Garagenriegel, vielleicht Tausende Garagen und alle verschlossen, kein Mensch zu sehen, ein riesiges Garagennirwana.

Dohlen, schwarz und mit starren blauen Augen, überall Dohlen, die scharf kreischen, viel schlimmer als Krähen, als Raben.

Die herrischen Möwen.

Gegen Abend wird die ohnehin leere Stadt noch leerer. Nur hier und da sitzen junge Männer, meist zu zweit, manchmal in Gruppen von vier oder fünf. Sie tun nichts, reden kaum, fast niemand trinkt Bier.

Am Kleinen Haussee noch eine Schar Kinder, ein paar verliebte Pärchen im Sonnenuntergang.

Am Großen Haussee der dritte Mülleimermann des Tages. Er sammelt Aludosen, zertritt sie sauber und steckt sie in einen Sack.

Die Schwangere steht wieder an der Gefängnismauer. Ruft müde und erschöpft, ihre Stimme ganz heiser.

Der Taxistand leicht abschüssig, aber nur ganz leicht, kaum sichtbar. Fährt eins davon, rollen die besseren Taxis benzinsparend auf die nächste Position, die schlechten oder behäbigen müssen angeschoben oder sogar angelassen werden, um aufzurücken.

Die Chauffeure schauen müde, sie tragen einen Ausdruck von uralter, gleichgültiger Müdigkeit im Gesicht. Keiner von ihnen liest Zeitung, keiner isst, alle blicken sie nur starr vor sich hin, traurig und träge, wie Schafe auf der Weide. Einen kommt seine Tochter besuchen. Sie behandelt ihn unwirsch. Auch das scheint ihm egal zu sein.

Später isst einer von ihnen ein Eis und wirft, als ich gerade auf ihn zugehe, den Rest der Waffel, als würde sie dort niemand sehen und wäre so für immer verschwunden, mit einer schnellen Handbewegung unter sein Fahrzeug.

Auf den Hund gekommen

In der Nähe von Eichmedien – was klang wie der Name einer Filmproduktionsfirma aus München, hieß heute Nakomiady – bog ich in den Wald ein, um mir das «Masurische Heimatmuseum Owczarnia» anzusehen. Es war nicht das erste und auch nicht das letzte Freilichtmuseum, das ich in diesem Sommer besuchte, es war auch kein besonderes, sondern höchstens ein ganz besonders durchschnittliches. Es gab in dem Gebäude eine Stube «alter Bauern», einen Schrank von 1799, eine Truhe von 1853 und ein Bett undefinierbaren Alters, abgewetzt und holzwurmig. Wer dadrin einmal geschlafen hat, dachte ich, muss wirklich alt und müde gewesen sein.

Außerdem wurden Butterfässer präsentiert, Brotschränke, gusseiserne Bügeleisen, ein Grammophon, ein «Heisswringer» von Rudolf Jesgarez aus Lötzen, Wasserschlegel, Saftpressen, Handgranaten, Maschinengewehre, Stahlhelme, Granatwerfer, Gasmasken, Dreschflegel.

Beschriftungen gab es nicht, von Konservierungsversuchen konnte keine Rede sein. Ein mehr oder weniger starker Sammeltrieb hatte zu diesem bunten Durcheinander geführt, und vielleicht war es nicht einmal Sammeltrieb gewesen, sondern bloß der Gedanke: Ein weiteres Heimatmuseum wird schon noch gehen.

Dennoch versuchte ich, mir die Zeit vorzustellen, aus der die meisten Gegenstände stammten, eine Zeit, die keine Kunststoffe kannte. Es war eine Welt des Flachsbrechens, des harten Leinens, der Holzschuhe. Wasser kam aus dem Brunnen, ein bisschen Wachs erleuchtete an Feiertagen die

146

kargen Wände, ansonsten blieb nur harte Arbeit und frühe Dunkelheit. Ein Leben umgeben von natürlichen Stoffen, von Holz in jeder Form, von Eiern, Brot und Milch. Ohne Plastikverpackung, ohne hocheffiziente Reinigungsmittel, ein Leben von und mit den Tieren, ohne Radio und Fernsehen und wohl auch weitgehend ohne Bücher. Andere Menschen brauchte man nicht zum Überleben, man war autark, handelte vielleicht hier und da etwas Salz ein. Die anderen brauchte man zur Zerstreuung, brauchte sie, um nicht allein zu sein.

Das größte Rätsel gaben mir die Bilder auf, mit denen die Leute im vorigen Jahrhundert ihre Wohnung geschmückt hatten. Lange betrachtete ich ein Schlachtengemälde, das eigentlich kein Schlachtengemälde war, eher ein Anti-Schlachtengemälde. Es bildete, wenn auch nicht ganz so drastisch wie ein Otto Dix, die Schrecken des Krieges ab. Zweifellos, das sagten Uniformen und Waffen, handelte es sich um die Zeit des Ersten Weltkriegs. Inmitten des Kampfes und im Zentrum des Geschehens reckte ein Soldat, der bis zu den Schultern im Sumpf versunken war, hilfesuchend und in Todesangst die Arme in die Höhe, von den anderen Soldaten nicht, nur vom Betrachter wahrgenommen.

Ein masurischer Moment des Krieges womöglich? Die berühmte Tannenbergschlacht? War es nicht ein Russe, der da versank? Das Bild aber rief doch zu Mitgefühl und Solidarität auf, warum also sollte sich eine ostpreußische Bauernfamilie einen hilfesuchenden Russen an die Wand hängen? Standen hier nicht auch überall Hindenburgteller und Hindenburgtassen herum, mit dem Konterfei des siegreichen Helden? War es womöglich Schadenfreude?

Da fiel mir wieder ein, dass die Räume des Heimatmuseums ein wildes Sammelsurium bargen und das Bild wie die

Teller von überall herstammen konnten; sie mussten nicht einmal aus Masuren sein.

Ganz anders sah es weiter im Süden aus, im Masurischen Heimatmuseum Kadzidłowo. Das war zwar ebenfalls voller alter Gerätschaften, diese aber waren mit weit mehr Liebe gesammelt, gepflegt und gruppiert worden. An den Wänden hingen überdies keine Hindenburgteller, sondern Fotografien des Gebäudes selbst, ja, wichtiger noch als sein Inhalt, stellte sich heraus, war die Hülle: ein traditionelles masurisches Vorlaubenhaus, ein längliches Holzhaus also mit einem leicht überstehenden ersten Stock. Außerdem wies eine an der Gebäudefront angebrachte, kunstvoll geschnitzte Giebelstange fast anderthalb Meter antennenartig gen Himmel.

Die Fotografien nun zeigten, wie das Haus einige Jahre zuvor ausgesehen hatte: erbärmlich. Das Dach war auf einer Seite bis auf den Boden abgesackt, und auch die andere Seite drohte einzustürzen. Dann aber entdeckte Herr Worobiec, den ich nun kennenlernte, das Haus, trug es vorsichtig Stück für Stück ab, versetzte es nach Kadzidłowo (vorher stand beziehungsweise kniete es in einem Dorf einige Kilometer weiter östlich) und baute es sorgfältig wieder auf. Nicht alles konnte original erhalten werden, im Großen und Ganzen aber war dieses Holzhaus wohl zweihundert Jahre alt. Es war ein Prachtexemplar.

Bei seinem Anblick fragte man sich, was all die Bücher über Landschlösser und Gutshäuser sollten, nicht die kunsthistorische Monographie von Carl von Lorck, sondern all die hochglänzenden Bildbände, die es inzwischen gab und die die architektonischen Vorlieben des Adels feierten. Die wenigsten unter diesen Steinbauten bereiteten dem ästhetischen Empfinden besonderen Genuss. Und viele, das war der entscheidende Punkt, passten überhaupt nicht in die Landschaft. Es war keine steinige Gegend (auch wenn dem Teufel der Legende nach beim Überflug Masurens ein Sack mit Steinen gerissen sein soll), es war das Land dunkler Wälder und mithin des dunklen Holzes.

Und dunkel war das Holz masurischer Bauernhäuser in der Tat, ein sattes, erdiges Braun verband das Gebäude mit dem Boden und erweckte den Eindruck, es sei aus ihm erwachsen. Kein Wunder, dass es im Dritten Reich zum ersten Mal wissenschaftliches Interesse erregte. Ein gewisser Erich Schimanski veröffentlichte 1936 «Das Bauernhaus Masurens», drei Jahre also nachdem von Lorck eine erste Fassung über die Herrenhäuser vorgelegt hatte. Für von Lorck selbst war ja das Bauernhaus, neben dem Herrenhaus, «der sichtbar gewordene Inbegriff der Persönlichkeit des auf der Scholle ansässigen Landmanns», ein «Sinnbild der aus der Scholle hervorwachsenden Kultur».

Entsprechend stellt Schimanski in seinem Schlusswort fest: «Wenn nun das alte Haus Masurens, das in seinem sinnvollen Grundriß und seinem künstlerischen Stil den vollsten Ausdruck des bäuerlichen Wirtschaftskörpers darstellte, bald der Vergangenheit angehören wird, so soll es uns daran erinnern, daß es eine Schöpfung des germanisch-deutschen Volkstums und der deutschen Kultur im Grenzland ist.» Überdies sei es «unverständlich», dass andere vor ihm annehmen konnten, es handele sich im Falle des masurischen Bauernhauses um einen slawischen Baustil. Selbstverständlich sei der Baustil germanischen Ursprungs.

Dieses Ergebnis aber war 1936 vorhersehbar und geradezu obligatorisch. Auf den übrigen hundertfünfzig Seiten seines Buches kümmert sich Schimanski dann auch herzlich wenig um die völkische Abstammung und arische Reinheit des masurischen Bauernhauses. Lieber beschäftigt er sich bis ins Detail mit dessen Aufbau, ja er erklärt überhaupt erst einmal, wie der Bau eines solchen Gebäudes angegangen wird. Was von besonderem Interesse war, da der Bauer in diesem Teil der Welt bis ins neunzehnte Jahrhundert hinein in der Regel als sein eigener Zimmermann tätig wurde: «Bevor der Besitzer an die Bebauung der Hausstelle geht, muß er die notwendigen Vorarbeiten erledigt haben, d. h., er hat das Baumaterial baufertig zu machen. Dazu gehört zunächst das Einschlagen und Anfahren des Holzes. Für die beiden Längsseiten benötigt er 18 starke Stammhölzer von 13,5 Meter Länge, für Giebel-, Innenwände und Zimmerbalken etwa 42 Stämme von 7,5 Meter Länge, für die Sparren 16 schwächere Stämme und zirka 19 zum Brettereinschnitt für die Zimmerdecke und Giebelverschalung, schließlich die Stangen und Latten zur Dacheindeckung. Schon das Fällen dieser Holzmenge nimmt mehrere Tage in Anspruch. Noch längere Zeit ist für die Anfuhr erforderlich gewesen. Wenn es angängig war, wurde sie im Winter vorgenommen, da in dieser Jahreszeit der Bauer mehr Zeit hat und die Wetterverhältnisse besser sind. Die Ablage der Langhölzer geschieht in den meisten Fällen auf dem Hof oder im Hofgarten. Durch Beil und Säge wird das frische Holz sogleich entästet, geschält und nach damaliger Art getrennt und behauen. Der Bauer tut es deshalb, weil er weiß, daß nun das Harz aus dem Innenbalken an den Rand zieht, im Holz bleibt und es so besser vor Wurmstich und schnellem Verfall bewahrt. Die abgefallenen Zopfstücke, Späne und Schwarten verwendet er als Brennholz. Das bearbeitete Kantholz lagert nun mehrere Wochen, damit es gehörig austrocknet. Der Bauer beugt dadurch dem Verziehen des Holzes wie klaffenden Fugen im späteren Hause vor.»

Das älteste Haus findet Schimanski, der selbst aus Masuren stammt, beim Erbhofbauer Skodzinski, «dem es auf seinem Hof nicht recht vorwärts geht». Doch gerade den mäßigen Wirtschaftsverhältnissen des Besitzers verdankt das Haus sein Bestehen und seinen nahezu unveränderten Zustand. Wind und Wetter haben ihm zwar zugesetzt, wie eine Abbildung zeigt, aber wer glaubt, Holzhäuser seien nicht für die Ewigkeit und Steine besser: Dieses wenigstens stammt von 1630. Oder stammte; es steht wohl heute nicht mehr.

Das Haus in Kadzidłowo hat immerhin besagte zwei Jahrhunderte auf dem Buckel, sonst aber stellt schon Schimanski fest, dass sich bis in die Gegenwart hinein, das heißt bis ins Jahr 1936, nur eine kleine Zahl masurischer Bauernhäuser hinübergerettet hat: «Seit den neunziger Jahren des vorigen Jahrhunderts verdrängt der feuersichere Backsteinbau die schlichte Holzbauweise. Der größte Teil fällt 1914/15 der Brandfackel des Krieges zum Opfer. In den wenigen abseits von der Heeresstraße gelegenen Dörfern hat sich noch ein Rest erhalten, aber auch dieser schwindet mit jedem Jahr mehr und mehr.»

Das galt ein Dreivierteljahrhundert später umso mehr.

Herr Worobiec nun versuchte zu retten, was noch zu retten war, von der masurischen Baukultur wie von der masurischen Kultur überhaupt. Er hatte dafür einen Verein gegründet und zögerte nicht, den Staatsanwalt zu alarmieren, wenn mal wieder ein reicher Warschauer irgendein Seeufer zuschüttete, um den Baugrund für sein Ferienhaus zu erweitern. Da verstand Herr Worobiec, ein Mann in den besten Jahren, keinen Spaß.

Als ich ihm erzählte, was ich alles in Masuren schon gesehen hatte, schüttelte er die graue Künstlerfrisur beziehungsweise den schlechtgelaunten Philosophenschopf und konstatierte: Das sei natürlich alles nichts Neues.

Für Albernheiten war seine Zeit fraglos zu knapp. Als ich ihm dann auch noch gestand, im Touristenmoloch Nikolaiken genächtigt zu haben, verzog er voll Ekel und Abscheu das Gesicht.

Doch hatte er ja recht: Bei ihm in Kadzidłowo wäre man besser aufgehoben gewesen. Gleich neben seinem privaten Museum stand ein weiteres Holzhaus, das als Gästehaus diente, und dann gab es noch, das wichtigste, die «Oberża pod psem», das schönste in diesem Ensemble von drei historischen Holzhäusern, die Kadzidłowo bildeten. Es war das Restaurant des Herrn Worobiec und seiner Frau, einer begnadeten Köchin, das ganze Jahr über geöffnet und mit den besten Speisen, die mir während des ganzen Sommers begegneten. «Wirtshaus zum Hund» hieß dieses «Oberża pod psem» übersetzt, oder auch: «Auf den Hund gekommen».

Dabei hätte es in keinem besseren Zustand sein können. Alles war liebevoll her- und eingerichtet, alle Fenster fein säuberlich mit Fliegengittern versiegelt, sodass kein Ungeziefer hineinkam in die gute Stube. Holzmöbel und Bänke und eine mit selbstgemachten Leckereien dekorierte Theke: Brot, Schmalz, Gebäck, und dahinter, in der großen Küche, wo Köchinnen in bunten Schürzen schwitzten: Sauerteigsuppe, Schweinefleisch in Rote-Bete-Soße, Buchweizengrütze, Piroggen und Gulasch.

Über der Küchentür hing eine schöne alte Uhr mit handgemalten Ziffern; ihr fehlten die Zeiger, und dies wohl mit Bedacht.

Lange saß ich auf der Veranda vor dem Gastraum, schaute auf den Garten und das Museumsgebäude und wunderte mich, was diese Palladio-Villen Masurens, diese wohlausgewogenen, im Einklang mit ihrer Umgebung dastehenden Bauernhäuser doch für schöne, dem Menschen gemäße Häuser waren. Auch wenn die einen verfielen und verrotteten, wenn in andere, wie ich es später noch weiter im Süden beobachtete, Plastikfensterrahmen eingebaut wurden, so gab es sie doch, und sie entsprachen der Landschaft weit mehr als alles, was man aus Stein und Beton errichtet hatte.

Ein Nachtrag: Als Schöpfer des Namens «Masure» sind nach Erich Schimanski die Behörden und literarischen Erzeugnisse anzusehen; «denn die Bevölkerung hat sich um den Namen nie gekümmert, hat ihn auch nie gewollt. Unter ihr lebt er als Schimpfwort. In verächtlicher Beziehung sagte man ‹Du Masur›, ‹Du Polak›. Jeder war und wollte nichts anderes sein als ein echter Preuße.» Das gelte auch für jene, die damals Polnisch oder Masurisch sprachen. Und so sei denn eben auch die Wendung «Wo sich aufhört die Kultur, da sich anfängt der Masur» zu verstehen.

Über Masuren selbst sagt der Spruch rein gar nichts aus. Gerade das masurische Bauernhaus zeugt ja von einer eigenen Kultur. Weit mehr als die anderswo abgeguckten Formen des Gutshauses scheint das masurische Bauernhaus eigenen Traditionen entsprungen, wie auch Schimanski betont: «Bei der Hausverzierung machen sich weder Barock, Rokokonachklänge noch klassizistische Spuren geltend. Der Kerbschnitt und seine Linienform wandeln sich, aber überall ist das Neue aus dem Leben des schollenverbundenen Bauern gewachsen und zeigt, abgesehen von seinen praktischen Eigenschaften, den Stolz und Reichtum der Bauernwirtschaft.»

Salon Dönhoff

Von Kadzidłowo fuhr ich nach Gałkowo. Auch hier gab es ein zum Restaurant umgewidmetes Holzhaus, größer als in Kadzidłowo und nicht ganz so originalgetreu. Das aber war nicht der Grund, hierherzukommen; der Grund war ein anderer. Jemand hatte mir von einem «Salon Dönhoff» erzählt. Erst dachte ich, es sei ein Salon wie im Berlin des neunzehnten Jahrhunderts, eine Gesellschaft, die sich regelmäßig versammelte und über unterschiedliche Themen konversierte. Der Salon in Gałkowo aber war ein Salon im eigentlichen Sinne: ein großer Saal, der Marion Gräfin Dönhoff gewidmet war.

An einem Balken hing das Wappen der Dönhoffs, ein Keilerkopf, es gab Porträts der im achtzehnten Jahrhundert ausgestorbenen polnischen Linie der Familie und eine Gedenkecke für Heinrich von Lehndorff. Ansonsten Fotografien von Gräfin Marion im Jemen, Gräfin Marion sportlich im Cabrio, Gräfin Marion auf Alarich, jenem Pferd, mit dem ihr die Flucht vor den Russen gelungen war. Außerdem Gräfin Marion mit ihrem Dackel in Blankenese, die auch im Alter noch elegantes Beine stolz vorgestreckt; Bilder, von denen sie keines lächelnd zeigte.

Es war etwas Seltsames an dieser feierlichen Dönhoff-Verehrung, die mir in ganz Masuren begegnete (in Nikolaiken war eine Schule nach ihr benannt), ich konnte sie nicht ganz verstehen. Überall betonte man, wie viel sie zur Versöhnung von Polen und Deutschen beigetragen habe, dieser Beitrag aber ließ sich schwer fassen. Fassbar dagegen waren die Tafeln, Büsten und Räume, die zu ihrer Ehre angebracht, aufgestellt und eingerichtet worden waren.

Frau Marsch-Potocka, die, wenn man so will, Gastgeberin des Salons, eine energische, neugierige Dame, die jahrzehntelang für eine deutsche Nachrichtenagentur in Warschau gearbeitet hatte, hatte Marion Dönhoff auch persönlich gekannt und sie mehrmals in Gałkowo zu Besuch gehabt. Sie war es, die mir erzählte, dass die Gräfin sich niemals und unter keinen Umständen in den Mantel helfen ließ. Auch sei sie nach der Flucht nie wieder auf ein Pferd gestiegen; warum genau, ließ sich offensichtlich nicht sagen.

Ganz entziehen konnte ich mich Marion Dönhoff bei aller Skepsis allerdings auch nicht, besonders ihrer gänzlich unprätentiösen und dabei keineswegs gefühllosen Art: «Wenn ich», so schreibt sie, «auf die Frage nach meiner Heimat auch heute, ohne nachzudenken, antworte: ‹Ostpreußen› und nicht Hamburg, wo ich doch seit über vierzig Jahren lebe, dann gibt es dafür vor allem einen Grund: Mir fehlen die Landschaft, die Natur, die Tiere jener untergegangenen Welt. Und auch die Geräusche, diese tausendfältigen Geräusche, die sich unverlierbar für immer ins Gedächtnis eingegraben haben. Wie viele verschiedene Laute vernahm man, wenn wir in der Dämmerung auf den großen Steinen vor dem Haus saßen. Da strichen die Mauersegler mit pfeifendem Ton in unglaublichem Tempo um das Schloß, bald darauf führten die Fledermäuse ihren Zickzacktanz auf, und wenig später erklang der Ruf der Käuzchen durch die Nacht. Oft wanderten wir noch ganz spät hinauf zum Wasserteich, wo hunderte von Fröschen ein phantastisches Konzert veranstalteten – so laut, daß man in der Unterhaltung die Stimmen heben mußte, um sich verständlich zu machen. In Hamburg gibt es nah von Blankenese eine fast ostpreußische Landschaft, darum wohne ich so gerne in jener Gegend, aber einen Frosch habe ich dort in den Wiesen noch nie bemerkt. Manchmal wird es Sommer, ehe ich den ersten Schmetterling sehe, und nachts höre ich nur das Geräusch vorüberfahrender Autos oder das Klappen ihrer Türen, wenn jemand ein- oder aussteigt. Es ist eine armselige Welt.»

Heute sei auch Polen langweilig, sagte Frau Marsch-Potocka, ein Land wie jedes andere. Und Masuren, das sei für die Warschauer ein bisschen wie Sylt für die Hamburger. Dann lieh sie mir ein Buch, und was ich darin entdeckte, war zwar ebenfalls Polen, aber ein ganz anderes als das beschauliche Ferienziel im Nordosten des Landes. Es war ein gärendes, brodelndes Polen, kraftvoll, unbändig, ein lautes, stinkendes, hektisches Land. Es war das Polen des Jahres 1924, jung und im Aufbruch, gesehen durch die Brille Alfred Döblins.

Der Autor von «Berlin, Alexanderplatz», dessen bekanntester Roman mir nach der Lektüre von «Reise in Polen» auf einmal zweitrangig erschien, war für zwei Monate durch das Nachbarland gereist. Es war die Zeit der ersten pogromartigen Vorgänge in Berlin, vor allem im Osten der Stadt, schrieb Döblin später in seinen Erinnerungen; Vertreter des Berliner Zionismus hätten damals einige Männer jüdischer Herkunft zu Zusammenkünften eingeladen, bei denen über diese ersten Pogrome, ihre Ursachen und schließlich auch über die Ziele des Zionismus gesprochen wurde. Im Anschluss an diese Diskussionen, so Döblin, sei er von einem der Männer daheim aufgesucht worden. Er wollte den Schriftsteller zu einer Fahrt nach Palästina anregen, was Döblin allerdings wenig reizte. Die Anregung hätte gleichwohl in anderer Weise auf ihn gewirkt: «Ich sagte zwar nicht zu, nach Palästina zu gehen, aber ich fand,

156

ich müßte mich einmal über die Juden orientieren. Ich fand, ich kannte eigentlich Juden nicht. Ich konnte meine Bekannten, die sich Juden nannten, nicht Juden nennen. Sie waren es dem Glauben nach nicht, ihrer Sprache nach nicht, sie waren vielleicht Reste eines untergegangenen Volkes, die längst in die neue Umgebung eingegangen sind. Ich fragte also mich und fragte andere: Wo gibt es Juden? Man sagte mir: In Polen. Ich bin darauf nach Polen gefahren.»

Döblin reiste zuerst nach Warschau und von dort aus nach Lublin, Krakau, Zakopane und Lodz. Masuren, damals noch Teil Ostpreußens, stand naturgemäß nicht auf seiner Reiseroute. Dafür besuchte er mit Wilna und Lemberg zwei Städte, die heute wiederum nicht mehr zu Polen gehören. Auf seiner Reise trifft Döblin Vertreter jüdischer Organisationen, besucht Schulen und Zeitungsredaktionen, besichtigt Industrieanlagen, Museen, Kirchen und berühmte Rabbiner. Vor allem aber läuft er durch die Straßen, betrachtet die Menschen, sitzt in Cafés und in Zügen und beobachtet auch jene Person, die er nicht einfach in Berlin hatte zurücklassen können: sich selbst, einen nervösen, lebensgierigen Schriftsteller. «Und ich weiß», schreibt er, «mein Kompaß zeigt sicher. Er zeigt nie Ästhetisches, zeigt immer Lebendiges, Drängendes.»

Döblin ist ganz Auge und Ohr, eine Wahrnehmungsmembran, eine Kamera, der nicht das kleinste Detail entgeht: «Der Burg, dem Schloß, dem Gefängnis nähere ich mich im Bogen. Es liegt auf einem Hügel, der braune Stoppeln trägt. Kleine Jungen spielen darauf Fußball mit einem Stückchen Ast; sie tragen Hosen aus dünnem braunem Kattun. Und da gibt es gelles Weibergeschrei. Ein Menschenhaufe nähert sich, man macht ihnen Platz. Eine Anzahl Kinder läuft voraus, ein alter ernster Jude in Kaftan und Kappe geht mit starken Schritten vor den schreienden Weibern. Er sieht sich nicht nach ihnen um, keiner steht den Weibern bei. Warum sucht man nicht die Polizei, das Gefängnis ist doch in der Nähe. Warum läßt man die Frauen hilflos schreien, der alte Mann hat ihnen doch etwas getan. Und jetzt zieht der ganze Schwarm an mir vorüber, die Kinder wie Fliegen herum, die Frauen schreien gräßlich, hilflos. Der Mann geht unbekümmert. Und da sehe ich: der Mann hat einen Strick, einen Riemen über den Schultern nach dem Rücken. Und auf dem Rücken schleppt er – ich sehe den Mann von hinten – einen schwarzen langen Kasten, einen leichten Kasten. Ah, einen Sarg. Das ist es. Es ist eine Beerdigung. Das ist eine Leiche, eine Kinderleiche, eine Beerdigung der Ärmsten.»

Und weiter: «Den Sarg schleppt er am Riemen auf dem Rücken. Darum kreischen die Frauen hinterher, keifen, raufen sich die Haare, die Mutter, Verwandte, Klageweiber. Eine Bäuerin geht gleich dahinter über den lehmigen Damm in einen offenen Torweg. Sie stellt sich hin, macht die Füße breit auseinander, zieht den Rock vorn an: ein dampfender Wasserstrahl prallt zwischen den Beinen, die rasch breiter auseinander treten, auf die Steine. Dick schießt der Harnstrahl aus ihren Röcken herab wie von einem derben Gaul.»

Aber so genau Döblin hinschaut und hinhört, den inneren Kompass aufs Existenzielle gerichtet, sich mit seiner Umgebung in Symbiose setzend, ist da doch immer wieder diese unerklärliche Fremdheit, eine Distanz, die nicht daher rührt, dass Döblin ein gepflegter deutscher Großstadtjude ist, ein Doktor gar, und die polnischen Juden um ihn herum zumeist ärmlich sind und so gar nichts Großstädtisches an sich haben. Fremd bleibt Döblin, weil er sich womöglich erhofft hat, näher an die Ursprünge des

Judentums heranzurücken und so endlich eine spirituelle Heimat zu finden. Döblin ist auf der Suche, daher rührt die Kraft, der Furor seiner Prosa. Finden wird er diese Heimat aber erst auf der Flucht, 1940 in Frankreich, auf seiner «Schicksalsreise». Und zwar in einer katholischen Kirche.

Der Tycoon

Einem Moslem mag die Unterscheidung zwischen Katholiken und Protestanten ebenso absonderlich erscheinen wie einem Christen die zwischen Sunniten und Schiiten. Und doch war es mit der Reformation längst nicht getan; der Streit um die richtige Lehre setzte schon in der Spätantike ein, und nicht selten unterdrückten und bekämpften sich Christen auch untereinander.

So wurden aus dem katholischen Polen 1658 die Arianer ausgewiesen. Man nannte sie auch «Antitrinitarier», weil sie der vorherrschenden Dreifaltigkeitslehre nicht folgen wollten; sie stellten Gott über Jesus und zogen deshalb ebenso den Zorn auf sich wie die Philipponen. Diese wiederum nannte man auch «Altgläubige», weil sie sich den Reformen der russisch-orthodoxen Kirche widersetzten. Auch sie fanden, etwa hundertfünfzig Jahre nach den Arianern, Aufnahme in Masuren. Wenn die Arianer bald vergessen waren, so finden sich noch heute, vor allem entlang des Flusses Krutyń, zahlreiche Philipponengräber mit ihren charakteristischen Kreuzen: drei Querbalken, von denen die beiden oberen waagerecht angebracht sind, der unterste aber schräg gestellt ist. Sogar ein Philipponenkloster bei Wojnowo ist erhalten, wenn es auch längst nicht mehr als Kloster genutzt wird.

Die religiöse Toleranz Preußens allerdings erstreckte sich gerade im ländlichen Masuren auf christliche Konfessionen; Juden stand man weitaus skeptischer gegenüber. Erst im achtzehnten Jahrhundert wurden ihnen vereinzelt Schutzbriefe ausgestellt. Die Größe der jüdischen Gemeinden blieb stets überschaubar, sie gerieten zudem schon vor 1933 ins Visier der Nationalsozialisten. Der «Grenzlandgeist», befördert nicht zuletzt durch die teils traumatischen Ereignisse des Ersten Weltkriegs – auch wenn man der Schlacht bei Tannenberg 1914 immer stolz gedachte, konnte man doch nicht die immensen Zerstörungen vergessen, die masurische Städte und Dörfer erlitten hatten –, machte die deutschen Masuren gegenüber jeder Abweichung von der Norm besonders empfindlich. Schon die Abstimmung über den Verbleib Masurens bei Deutschland 1920 zeigte, mit welcher Radikalität das sogenannte Deutschtum in Masuren verteidigt wurde.

Trotzdem entstammte der bis dahin wohl berühmteste Masure der jüdischen Gemeinde in Neidenburg. Er hieß Baruch Hirsch Strausberg, nannte sich später Bethel Henry Strousberg, und wenn, wie Siegfried Lenz schreibt, Masuren «keine berühmten Physiker, keine Rollschuhmeister oder Präsidenten» hervorgebracht hat, so doch mit Strousberg immerhin den größten Eisenbahntycoon der Gründerzeit.

Ich wurde auf ihn aufmerksam, als ich mich mit der masurischen Eisenbahn beschäftigte. Zunächst fielen mir die vielen stillgelegten Strecken auf; da war ich gerade in Masuren angekommen, und in den Gleisbetten wuchsen dicht die Wiesenblumen. Nichts schien mir verlockender und romantischer, als von Schwelle zu Schwelle zu schreiten, auf alten Wegen, vorbei an kleinen, halb verfallenen Bahnhöfen aus rotem Backstein.

Schnell musste ich allerdings feststellen, dass die Steine in den Gleisbetten noch immer spitz waren, scharf und voller Kanten und so überhaupt nicht geeignet für nostalgische Spaziergänge. Diese waren wohl ohnehin ganz unangebracht. Wenn auch Lenz in «Der Zug nach Oletzko» und Arno Surminski in «Die Reise nach Nikolaiken» der masurischen Eisenbahn ein Lied sangen, so hatte die Eisenbahn einst vor allem eine ganz handfeste ökonomische Bedeutung.

Masuren war immer arm gewesen, aber das sollte sich Mitte des neunzehnten Jahrhunderts endlich ein wenig, für kurze Zeit zumindest, ändern. Grund dafür war die Eisenbahn.

1835 war zwar bereits die erste Lokomotive auf deutschem Boden gerollt, doch brauchte es noch eine Weile, bis es auch in Masuren dampfbetrieben vorwärtsging. Erst einmal war Königsberg an der Reihe, ans bald reichsdeutsche Eisenbahnnetz angeschlossen zu werden. Das war im Jahr 1853. Zu dieser Zeit war Ostpreußen vornehmlich als «Durchgangsland» interessant; im Vordergrund stand der Fernverkehr nach Russland. Dafür erhielt die Strecke Berlin–Königsberg den Anschluss bis Eydtkuhnen an der russischen Grenze. Hier mussten alle Waren umgeladen werden, mussten alle Passagiere auf die russischen Züge wechseln, die, nicht anders, als sie es heute tun, auf einer größeren Spurbreite verkehrten als die europäischen.

1866 begann dann der Bau der Ostpreußischen Südbahn. Sie führte von Königsberg über Rastenburg und Lyck bis nach Prostken an der Grenze zu Russland. So war seit 1868 auch Masuren ans Eisenbahnnetz angeschlossen. In den folgenden Jahren wurden dann zahlreiche Nebenstrecken gebaut, von Osterode nach Allenstein, von Montowo nach Soldau, von Ortelsburg nach Johannisburg, von Sensburg nach Rudczanny, von Soldau nach Mława, von Osterode nach Hohenstein, von Angerburg nach Goldap, von Lyck nach Arys, von Johannisburg nach Lyck und von Ortelsburg nach Johannisburg.

Im Zuge des Streckenausbaus wurde auch der Straßenbau gefördert. Das erleichterte nicht nur den Verkehr und damit den Handel wesentlich, auch einzelne Ortschaften erfuhren eine überraschende Aufwertung. Illowo etwa, an der russischen Grenze ganz im Südwesten Masurens, wurde zur wichtigsten Bahnstation für polnische Auswanderer auf ihrem Weg nach Übersee, nur hier hatten sie direkten Anschluss an die norddeutschen Häfen, von denen die Schiffe nach Amerika ausliefen.

Auch sonst wuchsen und veränderten sich die Ortschaften, wobei selbst die größte Stadt Masurens, Lyck, sich mit 13 430 Einwohnern im Jahr 1910 aus Sicht der weiter im Westen gelegenen Gebiete des Kaiserreichs noch immer recht bescheiden ausnahm. Für die Einwohner Masurens war die Ankunft der Eisenbahn dennoch ein großes Ereignis. Da auch Autos sich hier erst viel später verbreiteten als anderswo, war sie das einzige Fortbewegungsmittel, mit dem in relativ kurzer Zeit größere Strecken zurückgelegt werden konnten.

Zu danken hatten sie diesen Fortschritt einem der ihren, auch wenn besagte Südbahn für jenen Bethel Henry Strousberg eher eine nebensächliche Unternehmung darstellte, hatten seine Projekte doch meist ganz andere Ausmaße. Seinen Geschäftssinn mag er vom Großvater geerbt haben, der als einziger Neidenburger einst in der Lage gewesen war, den napoleonischen Fouragezahlungen nachzukommen. Der Vater jedenfalls, ein durch Verwundung aus dem Militärdienst ausgeschiedener Leutnant, zeigte wenig Begabung zum Geldverdienen.

Trotz knapper Mittel besuchte der 1823 geborene Strousberg das Gymnasium in Königsberg und erlangte dort die mittlere Reife. Damit allerdings war seine ostpreußische Zeit vorerst vorbei. Er war sechzehn Jahre alt und bereits Waise. Seine Mutter hatte er als kleines Kind verloren, seinen Vater nun eben im Jahr 1839. Er beschloss, nach London zu gehen, wo zwei Brüder der Mutter Geschäfte besaßen. Er wurde dort auch aufgenommen, schied von der Verwandtschaft jedoch bald in Unfrieden. Es mag daran gelegen haben, dass Strousberg sich weder um das religiöse noch um das preußische Erbe sonderlich scherte. Vielleicht haben ihm auch durch den Tod der Eltern diese Bindungen nicht mehr viel bedeutet. In England schien er sich aber schnell einzufinden. Aus Baruch Hirsch oder Barthel Hinrich wurde Bethel Henry, aus dem jüdischen Preußen ein anglikanischer Gentleman. Mit einundzwanzig heiratete er Mary Ann, deren Stiefvater in der Londoner City ein Temperenzlerlokal betrieb.

Wie genau sich Strousberg seine wirtschaftlichen Kenntnisse aneignete, lässt sich schwer nachvollziehen. Fraglich ist überhaupt, ob sein späterer überragender Erfolg tatsächlich mit Wissen und erlernten Fähigkeiten oder vielmehr mit Kühnheit und Genialität zu tun hatte.

Auf jeden Fall gab Strousberg, da war er noch nicht einmal dreißig Jahre alt, eine Wirtschaftszeitung heraus und schrieb die meisten Artikel darin gleich selbst. Doch nein, es war nicht nur eine, es waren ganze vier Blätter, die er nacheinander ins Leben rief. Seine journalistische Tätigkeit diente ihm schließlich als Sprungbrett in die Wirtschaft; er wurde leitender Manager einer kleinen Lebensversicherung.

Als er fürchten musste, dass ein «Fehltritt», eine Unterschlagung, die er mit Mitte zwanzig beging, seinen Ruf in London zerstören würde, entschied er sich zu einem radikalen Schritt: Er ging samt Familie nach Berlin und ließ alle Londoner Erfolge, die ihm sicher auch in Zukunft ein gewisses Auskommen verschafft hätten, zurück. Kein Mann halber Sachen, fing Strousberg, nachdem er inzwischen sein halbes Leben in England verbracht hatte, noch einmal neu an.

Der Anfang allerdings währte einige Jahre. Eine gewisse Inkubationszeit brauchte es in der preußischen Hauptstadt, bevor aus dem Mann, der aus der Provinz in die größte Stadt der Welt gegangen war, der für kurze Zeit bedeutendste und schillerndste Industrielle des aufstrebenden Preußens wurde. Den Zenit seines Erfolgs erreichte er übrigens im Jahr der Reichseinigung. Danach dann ging es ebenso rapide bergab.

Erst einmal aber wurde das Jahr 1862 geschrieben. Fast dreißig Jahre waren vergangen, seit zwischen Nürnberg und Fürth zum ersten Mal eine Maschine mit Dampfkraft über Schienen rollte, der Netzausbau im Gebiet des späteren Deutschen Reichs ließ jedoch zu wünschen übrig. Von Staatsseite wurden keine Mittel zur Verfügung gestellt, und privaten Investoren standen gesetzliche Regelungen aus dem Jahr 1838 im Weg. Strousberg nun entwarf einen Plan, mit dessen Hilfe die legislativen Probleme umgangen beziehungsweise umfahren werden konnten. Außerdem stellte er den Kontakt zu englischen Finanziers her; auch das Know-how wurde von der Insel importiert.

So entstand die Tilsit-Insterburger Eisenbahn und bald darauf die Ostpreußische Südbahn, die, wie gesagt, auch die masurische Heimat Strousbergs berührte. Den allerdings bewegten zu dieser Zeit keinerlei nostalgische Gefühle, im Gegenteil, er war ganz der Zukunft zugewandt. Innerhalb der nächsten zehn Jahre nahm er, einem Maler gleich, der manisch Leinwände füllt, ein Riesenprojekt nach dem anderen in Angriff, und meist gleich mehrere zugleich. Er baute die Rechte-Oder-Ufer-Bahn, die Märkisch-Posener Bahn, Eisenbahnstrecken von Halle nach Guben und von Hannover nach Altenbecken. In Ungarn, Russland und Rumänien wurde er tätig, und um effizienter arbeiten zu können – und nicht von anderen abhängig zu sein –, kaufte und gründete er nach und nach all die Betriebe, die es zum Eisenbahnbau brauchte: Erzgruben, Hüttenwerke, Kohlebergwerke, Maschinenfabriken. Er schaffte einen Konzern, bevor es dieses Wort überhaupt gab. Hundertfünfzigtausend Menschen arbeiteten zeitweise für ihn.

Den Erfolg trug er nach außen. Sein Aushängeschild war ein umwerfend luxuriöses Stadtpalais samt der größten privaten Bildersammlung seiner Zeit in der Berliner Wilhelmstraße (der späteren englischen Botschaft), aber auch zahlreiche andere Grundstücke in der Hauptstadt gehörten ihm, Bürogebäude am Kurfürstendamm, eine Markthalle an der Friedrichstraße, ein Viehmarkt im Wedding. In England und Österreich legte er sich ebenfalls sehr renommierliche Villen zu. Nicht zuletzt in Neidenburg wurden Grundstücke erworben.

Doch das ist alles nichts gegen die Rittergüter, die Strousberg aufkaufte. Jedem seiner Kinder wollte er eins hinterlassen, aber dann kaufte er doch mehr, als er Kinder hatte, in Ost- und Westpreußen, in Schlesien und schließlich die «Herrschaft Zbirow» in der Nähe von Warschau, ein riesiges Gut mit unfassbaren zweiundzwanzigtausend Hektar Wald. Alles in allem umfasste sein Besitz an die fünfundsiebzigtausend Hektar – ein eigenes kleines Fürstentum.

Woher diese Großmannssucht plötzlich? Es lässt sich nicht erklären. Immerhin war Strousberg reife vierzig Jahre alt, als der Reichtum über ihn hereinbrach. Vielleicht wollte er gar nicht protzen, vielleicht steckte ein kruder Plan hinter all diesen manischen Erwerbungen. Doch beförderten sie seinen Ruin.

Auslöser für Strousbergs Untergang war wohl der Eisenbahnbau in Rumänien. Um dieses Projekt voranzubringen, hatte Strousberg zusammen mit drei anderen Finanziers, unter ihnen Graf Carl Meinhard von Lehndorff, bereits das Neunfache des rumänischen Staatshaushalts aufgebracht. Da die Probleme in Rumänien aber immens waren – angefangen bei der mangelhaften Infrastruktur, die es nötig machte, große Teile des Materials über Gibraltar und den Bosporus an die Baustellen zu bringen –, stiegen die Kosten unaufhaltsam. Nun war Strousberg allein haftend, und man kann noch von Glück sagen, dass ihn dieses Abenteuer nicht unmittelbar in den Ruin trieb.

Doch so oder so machte er immer weiter, ging enorme Risiken ein und hatte keinerlei Sicherheiten in Form von flüssigem Kapital in der Hinterhand. Bald musste er seine Fabriken verkaufen; die Immobilien aber, all die Palais und Rittergüter, nahm ihm niemand ab. Der Konkurs kam drei Jahre später, als Strousberg gerade in Moskau in Untersuchungshaft saß. Er hatte noch einmal Kapital aufbringen wollen und war dabei in eine Falle seiner ehemaligen Bankfreunde getappt. Von diesem Schlag sollte er sich nicht mehr erholen. 1881 starb er völlig verarmt in Berlin und wurde auch dort, nicht etwa in Neidenburg, beerdigt.

Ja, er war ein Abenteurer, und weil alles für ihn ein Spiel gewesen ist, war er am Ende vielleicht weniger traurig über den immensen Verlust, als es andere gewesen wären.

«Der größte Mann in Deutschland ist unbedingt der Strousberg», schrieb Friedrich Engels in einem Brief an Karl Marx. «Der Kerl wird nächstens deutscher Kaiser. Überall, wohin man kommt, spricht Alles nur von Strousberg. Der Kerl ist übrigens so übel nicht. Mein Bruder, der Verhandlungen mit ihm hatte, hat ihn als sehr lebendig geschildert.» Tatsächlich genügte Strousberg nicht dem Bild des eiskalten Kapitalisten. Es hatte auch soziale, man kann sagen bürgerschaftliche Anliegen. Den Viehmarkt im Wedding kaufte er nicht, um Profit zu machen, sondern damit die Berliner Bevölkerung besser mit Fleisch versorgt wäre.

Allerdings wirken diese Anliegen einigermaßen unausgegoren; Strousberg war, bei all seinen überragenden Fähigkeiten, wohl mit zu vielen Dingen gleichzeitig beschäftigt.

Übrigens ähnelte er äußerlich in erstaunlicher Weise seinem Zeitgenossen Gustave Flaubert: Korpulent war er, mit einem Kopf wie eine Kanonenkugel. Mit ähnlich explosiver Durchschlagskraft gesegnet, blieb seine Wirkung jedoch ebenfalls auf einen vergleichbar kurzen Zeitraum begrenzt.

Out of Masuria

Mit Döblin in der Hand verließ ich den Salon Dönhoff und machte mich auf in Richtung Dönhoffstädt. Ein weiteres Mal lockte mich nichts als der Name: «Dönhoffstädt», das heute Drogosze hieß, klang in meinen Ohren äußerst reizvoll, vielleicht auch, weil der imposante Name in so deutlichem Kontrast zur Größe des Ortes stand. Er war nur als kleiner Fleck auf meiner Karte verzeichnet und lag nicht einmal in Masuren, sondern schon im alten Bartener Land. Die Sonne schien wieder sehr freundlich vom Himmel, sodass man gerne unterwegs war und die Zeit vergaß, während man in einem dieser altertümlichen Busse über die Felder schaukelte.

Drogosze dann war ganz erfüllt von spätsommerlicher Wärme. Eltern saßen mit ihren Kindern unter den Bäumen entlang der Dorfstraße und schleckten Eis, ein Hund beschnüffelte meine Beine, ein Mann, der auf Krücken an mir vorüberhumpelte, grüßte freundlich, vor dem Dorfladen schließlich hatten sich einige Handwerker versammelt und sahen versonnen dem Feierabend entgegen.

Der Ort war wirklich nicht groß, ein paar Häuser bloß, die üblichen rechteckigen Wohnkistchen, aber nirgendwo hatte ich sie so gepflegt und hübsch gestrichen gesehen wie hier.

Ich passierte blühende Gärten und näherte mich einer alten Scheune mit einem schönen hölzernen, schon recht baufälligen Glockenturm. Die Feuerwehr stand davor und bewegte hydraulische Gerätschaften, zwei Dutzend Männer standen dabei und schauten stumm zu. Eine Übung, dachte ich, und ging weiter, vorbei an einer Kirche, die so klein war, dass man ihr Alter leicht übersehen konnte. Immerhin, so hatte ich erfahren, stand der schlichte Backsteinbau seit mehr als vierhundert Jahren an seinem Platz.

Dann ging es eine leichte Anhöhe hinauf zum Schloss, ein Schloss, das diesen Namen wahrlich verdiente. Es erschien mir nach allem, was ich in Masuren gesehen hatte, riesig, ein mächtiger Kasten, so groß wie das halbe Dorf. Wie ein Raumschiff, das sich im Planeten geirrt hatte, stand es da.

Es war zu Anfang des achtzehnten Jahrhunderts erbaut worden, zur selben Zeit und vom selben Architekten wie Schloss Friedrichstein bei Königsberg. Friedrichstein war der Geburtsort von Gräfin Marion und wurde 1945 vollständig zerstört. Schloss Dönhoffstädt dagegen ging erst in den Besitz der Grafen zu Dohna, dann in den der Grafen zu Stolberg-Wernigerode über. Von außen sah es zudem sehr gut erhalten aus.

Freilich stand es heute leer. Zwar hatte es Pläne gegeben, im Schloss ein Hotel einzurichten, aber das erschien mir hier im Nirgendwo in der Tat ein zweifelhaftes Unterfangen. Das Schloss war einfach zu groß für seine Umgebung. Von der Freitreppe hatte man gleichwohl einen wunderbaren Blick über das Land. Ich spähte durch die Fenster hinein, sah aber nur leere Räume.

Schon wollte ich von dannen ziehen, da öffnete sich das Hauptportal, und eine alte, rundliche Frau schaute heraus, offensichtlich eine Bewohnerin des Ortes, die über einen Schlüssel verfügte. Ohne ein Wort zu sagen, winkte sie mich herein.

Und so durfte ich durch die riesigen Räume laufen, in denen sich so rein gar nichts befand. Das Einzige, was ich entdeckte, war ein kleiner Japaner. Er stand plötzlich da, mitten in einem der Räume, ganz in Gedanken versunken, und schien mich erst nicht zu bemerken. Er war schlank, Mitte dreißig vielleicht und trug eine wild verstrubbelte Frisur. Als ich noch überlegte, wie ich ihn ansprechen sollte, bemerkte er mich und sagte «Oh, hello, yes, yes» mit einer Nervosität, als hätte er gerade nicht aufgepasst, wäre nun aber wieder ganz Ohr.

«Hello», sagte auch ich und neigte den Kopf, da sprach er schon weiter: «Yes, yes, interesting, isn't it? Come, I will show you something.»

Schon schob er sich an mir vorbei, sagte noch «come, come» und war um die Ecke gebogen, in den nächsten Raum und durch diesen hindurch und durch einen weiteren Raum. Ich fand ihn dann wieder in der Kapelle des Schlosses, so groß und hoch, dass man sich in einer Kirche wähnte. «Marvellous, isn't it?», sagte der Japaner und zeigte an die Decke, zeigte an die Wände und zeigte schließlich, all das in rasender Geschwindigkeit, auf eine weitere Tür. Dort ging es in ein Nebengelass, in dem riesige Sarkophage standen. Stolberg-Wernigerodes waren hier zur Ruhe gebettet worden, auf ihren Särgen sah man sie – offenbar friedlich schlafend – in Stein gehauen.

Auch der Japaner war wieder ruhig geworden. Während er weiter die Sarkophage betrachtete, hatte ich Gelegenheit, ihn genauer anzuschauen. Müde sah er aus, fast grau, und von nahem viel älter, als ich anfangs gedacht hatte. Dabei hatte sein Blick etwas Unstetes, ganz als würde er versuchen, die Augen gegen sich selbst zu richten; irgendwie mussten sie sich unbehaglich fühlen, dort, wo sie waren.

Wie er denn heiße, fragte ich ihn, aber er verstand mich offenbar falsch und sagte: «Yes, from Osaka, yes.»

Er reise schon eine Weile herum, Kiew, Warschau, Krakau. «Minsk not possible, not possible.»

Als er das sagte, wirkte er noch älter und müder und seltsam resigniert.

«You are interested in European history?», fragte ich weiter.

«No, no!», rief er aus, «just travelling.»

Ich wollte wissen, was sein nächstes Ziel sei, er aber schüttelte nur den Kopf. Wann er denn heimkehren würde?

«Going home, yes, going home.» Ganz leise sagte er das, ganz versunken in den Anblick der Sarkophage. Seine Augen, bemerkte ich, irrten nicht mehr ganz so unruhig in ihren Höhlen, nur noch ein leichtes Flackern war geblieben. Mich schien er schon vergessen zu haben.

So ließ ich den Japaner im Schloss Dönhoffstädt zurück, ging einmal um das Gebäude herum und schaute mir den Park auf der Rückseite an, der wirklich einst ein wunderbarer Landschaftspark gewesen sein musste, bedankte mich bei der alten Dame, die inzwischen mit einer weiteren Nachbarin am Tor stand, und kehrte zurück ins Dorf.

Als ich die Scheune erreichte, war von der Feuerwehr nichts mehr zu sehen. Auch der hölzerne Glockenturm war plötzlich fort. Doch nein, da lag er auf dem Rasen, die Feuerwehr hatte ihn abgerissen, und jetzt stiegen Männer über ihn hinweg, zerlegten ihn wie Ameisen einen Kadaver.

Im Präsidentensaal

Es war kein Zimmer mehr frei, als ich spätabends in Duły ankam, aber die Familie, die das Hotel – eher eine Ferienanlage – führte, war ohnehin gerade dabei, eine Hälfte ihrer eigenen Wohnung zu räumen; für den nächsten Tag hatten sich weitere Gäste angekündigt, man brauchte nur noch ein wenig, um alles herzurichten. «Was soll man machen, wenn die Leute zahlen wollen?», sagte der Herr des Hauses, die Saison dauere keine drei Monate, da müsse man sich eben einschränken. Dann schickte er mich, während seine Frau und einige Angestellte die Putzlappen schwangen, hinaus.

Duły, das war im äußersten Nordosten, ganz in der Nähe der Seesker Höhen; hier roch es schon nach Russland.

Ich spazierte um den kleinen See, der auf dem Grundstück lag, atmete die kühle, feuchte Abendluft und betrachtete verwundert die akkurat geschnittenen Hecken und Bäumchen, den gepflegten Rasen und all die Hüttchen und Häuschen, die pittoresk um den kleinen See drapiert waren. Auch eine Holzbrücke spannte sich anmutig über das Wasser. Auf der anderen Seite schaukelte ein Vater mit seinem Kind.

Es war allerliebst. Ich kam mir vor wie in einem Katalog. Mehr heile Welt und Einfach-mal-die-Seele-baumeln-Lassen hatte ich lange nicht erlebt. Sauber und ordentlich war es ja überall gewesen. Aber hier hatte jemand ein Träumchen verwirklicht, es fehlte nur, dass man die Blümchen und Büschlein abends in Seidentücher wickelte, um sie vor Kälte und Nässe zu schützen.

«Wir leben hier wie Gott in Frankreich», sagte mir der Eigentümer am nächsten Morgen, und tatsächlich schien Frankreich, Südfrankreich ein Ferienideal vieler Polen zu sein: In den Hotels und Pensionen, in vielen Restaurants auch waren die Wände in provenzalischen Pastelltönen gehalten, und nicht anders war es in Duły.

Im Speisesaal zielte alles darauf ab, besonders «geschmackvoll» eingerichtet zu sein, es war nur eben ein abgeschauter Geschmack, nichts Eigenes, Gewachsenes. Aber wer wollte ästhetische Urteile fällen bei der Herzlichkeit, mit der man hier empfangen und behandelt wurde? Bereitwillig führte mich der Eigentümer, ein stattlicher Mann, wie man in früheren Zeiten anerkennend und ganz ohne Ironie gesagt hätte, im Frühstücksraum herum. Der Frühstücksraum hieß Präsidentensaal, und es wurde in ihm an entsprechend langen Tafeln das Rührei verzehrt.

An den Wänden des Saals, und daher wohl der Name, Bilder des verunglückten Präsidenten Lech Kaczyński: wie er auf dem Gut zu Besuch weilt, wie er dem Hausherr die Hand schüttelt und wie er schließlich ein Bäumchen pflanzt (eine Eiche war es, glaube ich; der Ministerpräsident der Woiwodschaft Warmińsko-Mazurskie – oder war es der Bürgermeister der Gemeinde Olecko? – durfte neben ihm nur eine Buche pflanzen. Auch das war fotografisch festgehalten).

Die Bilder waren selbstverständlich goldgerahmt, außerdem gab es Pokale und Zertifikate. Darauf wurde ich mit noch offenkundigerem Stolz hingewiesen: Den Pokal für das familienfreundlichste Hotel ganz Polens hatte ihm eine Fernsehmoderatorin überreicht! (Die zugleich auch die Ehefrau des «wichtigsten» Leibwächters des Präsidenten war.) Deswegen war Lech K. auf dem Gut zu Besuch gewesen, kurz bevor er verunglückte, wegen der Familienfreundlichkeit. Dort, wo er das Bäumchen gepflanzt hatte, war inzwischen eine kleine Gedenkstätte für ihn eingerichtet.

Nun trat die Ehefrau, eine ebenfalls stattliche Person (ein Mordsweib, wie man so anerkennend wie ebenfalls ironiefrei in Bayern zu sagen pflegt), auf den Plan und agierte als eine Art Conferencière des Frühstücks; sie wies jedem seinen Platz an der langen Tafel zu, sorgte für Konversation und lachte so laut, dass man sich selbst in guter Stimmung wähnte. Dann allerdings legte ihr Ehemann Discomusik auf, die noch lauter dröhnte als die Heiterkeit der Tischgesellschaft. Ein Riss in der Atmosphäre erlesener Gutbürgerlichkeit, dachte ich, die Familien aber, fast alle Gäste waren aus Warschau angereist, störten sich wenig an dem Lärm, die mitgebrachten Großeltern hörten ohnehin schlecht, und so wurde munter weitergegessen.

Mittags gab es eine kräftigende Suppe, und am Abend wurde gegrillt. Dazu versammelte man sich an schweren hölzernen Bänken und Tischen im Park und wartete darauf, dass das vorgegrillte Fleisch auf einen riesigen frei schwingenden Rost gelegt wurde, der in der Mitte des Rasens stand.

Der Hausherr, nachdem er die etwas unanständige Vermutung geäußert hatte, der Dichter Lenz habe im benachbarten Suleyken eine Frau «gevögelt» und sein berühmtes Buch deswegen nach dem unscheinbaren Örtchen benannt, stellte mir seine vier wohlgeratenen Kinder vor, drei davon auf Fotos. Auf sie, die Kinder, war er, ein ehemaliger Deutschlehrer (und neben dem Hotelgewerbe heute auch im Holzgeschäft tätig), am allerstolzesten: Alle sprachen Deutsch, die beiden ältesten studierten sogar Germanistik, und das, ohne dass die Familie irgendeinen Bezug zu Deutschland gehabt hätte!

Und da wurde auch schon das jüngste der Kinder, vielleicht elf Jahre alt, herangewunken. Der Junge begrüßte den Gast akzentfrei, begrüßte ihn nicht nur, sondern erkundigte sich nach dem werten Befinden: «Gefällt es Ihnen bei uns?», fragte er, und was blieb einem da übrig, als auf die Büsche und Bäumchen zu weisen, mit der Bratwurst in der Hand, und wirklich alles ganz toll zu finden.

Angelstunden

Ich hatte schon meine dritte Wurst gegessen und war eigentlich nicht mehr bewegungsfähig, als neue Gäste eintrafen, ein Ehepaar Anfang vierzig, sie dunkelhaarig und zurückhaltend, er mit hellem Haar, zum Mecki frisiert, die Kopfhaut schimmerte schon deutlich durch. Korpulent und kommunikativ, gab er sich sofort als Vertriebsleiter eines deutschen Baustoffunternehmens zu erkennen. Janusz heiße er. Die Kindheit habe er teilweise in Nürnberg verbracht, jetzt wohne er, wohnten sie in Warschau. Den dreizehnjährigen Sohn hätten sie eben im Tennisferienlager abgeliefert, und jetzt freue er sich darauf, gleich noch angeln zu gehen.

Angeln? Wieso war mir das noch nicht aufgefallen? Natürlich, hier gingen alle angeln, jedermann oder vielmehr jeder Mann. Überall sah man sie, an Flüssen, Brücken, Seen, ja Angeln schien in dieser Gegend die heimliche Freizeitbeschäftigung Nummer eins zu sein. Heimlich, weil Angler gewissermaßen unter dem Radar fliegen. Angeln ist als Tätigkeit nicht sofort erkennbar. Der Angler ist dem Augenschein nach ja dem völligen Nichtstun verfallen, reglos steht oder sitzt er da und schaut mehr oder weniger starr ins Wasser. Einen Angler bringt nichts aus der Ruhe, ja er ist die Ruhe selbst.

Der Angler ist, das wurde mir jetzt bewusst, recht eigentlich der Inbegriff Masurens, er ist der Mann ohne Eile. In ihm drückt sich vollkommen das kontemplative Wesen der masurischen Landschaft aus.

– Angeln, fragte ich also, wo willst du denn angeln?

– Na, hier, im See, wurde mir von Janusz verwundert beschieden.

– In dem kleinen See? Da sind Fische drin?

– Aber hallo!

Ich hatte offenbar keine Ahnung.

Jetzt schaltete sich auch der Hausherr ein, der die Ehre seines Sees bedroht sah.

– Aber sicher gibt es hier Fische, und was für welche!

– Nicht nur so ganz kleine?

Darauf beide:

– Nein!

Janusz: «Weißt du was? Du kommst mit! Ich zeige es dir. Das wird ein Spaß!»

Ich: «Aber ich habe gar keine Angel.»

Janusz: «Ich habe eine Angel für dich.»

Und so wurde ich in die Geheimnisse des Angelsports eingeführt. Denn ein Sport war es unbedingt. Kein ödes Rumgehocke, nein, bei Janusz ging es zur Sache. Was von weitem wirkte wie meditative Gelassenheit, erwies sich von nahem betrachtet als konzentrierte Aufmerksamkeit. Janusz achtete auf jede kleinste Bewegung im See. «Siehst du? Da sind Barsche unterwegs», sagte er, als ein am Steg vertäutes Paddelboot beinahe unmerklich zu schaukeln begann. Er achtete genau auf Wind und Sonnenstand und rauchte eine Zigarette nach der anderen.

Und tatsächlich hatte er nach zwei Minuten einen dieser riesigen bootsbewegenden Barsche an der Angel. Beim nächsten drückte er sie mir in die Hand und erklärte, wann ich zu ziehen habe, wann nachzulassen, wann die Schnur aufzurollen. Natürlich vermasselte ich es sofort.

«Man muss Geduld haben», sagte er, sehr nachsichtig mit seinem ungeschickten Schüler, steckte sich noch eine Zigarette an und konstatierte: «Da kommt Adrenalin!»

Dann reichte er mir eine andere Angel und ließ mich auf kleine Fische gehen. Dazu musste man die Schnur weit hinausschleudern und dann langsam und gleichmäßig einziehen. Biss ein Fisch an, galt es, kurz nachzulassen und dann mit einem Ruck den Haken im Maul zu verankern. Immer wieder spürte ich, wie sich Fische am Köder zu schaffen machten, immer wieder ruckte ich an der Angel, doch entwischten sie mir alle. So warf ich sie aus, ein ums andere Mal, was ohnehin am meisten Spaß machte, denn es war nicht einfach, die Schnur zwanzig, fünfundzwanzig Meter weit hinauszuschleudern und sie dabei so dicht wie möglich an die von Janusz als vielversprechend identifizierte Stelle zu bringen. Mehrmals landete ich mit dem Haken im Schilf und riss ihn dabei ganz ab. Kein Problem für Janusz, der unerschöpfliche Hakenvorräte mit sich führte. Aber: «Du musst in Schweden sehen, was ich für Ausrüstung dabeihabe, Schlauchboot und alles.» In Schweden würde er die dicksten Dinger fangen, und an der Ostseeküste hätte er bei Wettkämpfen schon Medaillen gewonnen.

Ich hatte es fraglos mit einem sehr leidenschaftlichen Angler zu tun. «Unter der Woche ist kein Leben», sagte er, aber am Wochenende und wenn er nur irgend könnte, gehe er angeln. Seine Frau saß derweil gleichmütig auf einer Bank hinter uns, kraulte eine Katze und schüttelte nur hin und wieder resignierend den Kopf.

«Netze hasse ich wie die Pest», sagte Janusz, Netze empfand er als unsportlich. Auch Angelschnüre, die dicker waren als 0,8 Millimeter, waren für ihn des Teufels, unsportliche Hilfsmittel, die dem Fisch keine Chance ließen. Genau darum ging es: «Der Fisch muss eine Chance haben.» Und außerdem: «Tut die Fische auch nicht so weh», wenn man eine dünnere Schnur benutzt.

– Das heißt also, die Schnur muss reißen können?

– Genau!

Und in dem Moment biss doch tatsächlich ein Fisch bei mir an, mein erster Fisch! Jetzt hatte ich ihn an der Angel und ließ ihn nicht mehr los.

– Jetzt zügig rollen, rief Janusz, und da war er schon, baumelte in der Luft, und mit scharfen Augen war er tatsächlich als Fisch erkennbar. Er war wirklich klein, aber er war definitiv ein Fisch. Freudig zupfte ich ihn vom Haken und warf ihn der Katze ins Maul.

Janusz selbst wäre vor Vergnügen am liebsten auf und nieder gehopst, wenn das nicht die Fische vertrieben hätte. So rief er nur immer wieder «Das ist sportlich angeln!» und «Das macht Spaß!», steckte sich an der alten eine neue Zigarette an und erzählte mir von seinem Haus in Warschau, von seinen Reisen nach Schweden und Kroatien, und als ich einmal «Perfekt» ausrief, nachdem ich meinen Haken genau dorthin geschleudert hatte, wo ich ihn hinhaben wollte, sagte er: «Perfekt ist das Stichwort. Waren meine Frau und ich in Kroatien, kam der Juwelier aus Geschäft und hielt Kette vor meine Frau. Sagte: Perfekt! Und ich musste kaufen!»

Dann wieder erklärte er mir, warum seine Firma die beste Spachtelmasse herstellte. Er entpuppte sich sogar als Dichter. Wenn er so durch Polen fuhr, erzählte er, fielen ihm immer wieder Gedichte ein, Gedichte auf seine Firma und ihre wunderbaren Produkte, die er dann in seinen kleinen Computer tippe. Sogleich fing er an zu rezitieren:

Firma UZIN, die ist klase
Się maht besten schpahtelmassen
Auser masen auh klebschtoffe
Rezepturen sind getrofen
Dafon wysen file Kunden

Die mit kualitet ferbunden
Sind seit grade 100 jahren
Weil wir kualitet bewaren

Ich war begeistert. Würde nur jeder seinen Job so lieben!
Gleich ließ ich es mir von ihm aufschreiben. Dann gab es
noch eine Zugabe:

Ufloor systems bestes brand
Ales nur aus ene hand
Dad hat schterke das hat kraft
File Marken eine maht

Fröhlich angelten wir weiter, Janusz rief: «Das ist sportlich!» und spürte ein ums andere Mal sein «Adrenalin».
Auch ich hatte die Zeit längst vergessen, war ganz benom-
men vom ewigen Auswerfen und Einrollen.

«Morgen früh um sechs, ich bin wieder hier», sagte er
schließlich, als wir von nächtlicher Schwärze umhüllt die
Ausrüstung verstauten und uns verabschiedeten. Seine
Frau und die Katze waren da längst eingeschlafen.

Als ich anderntags um halb acht am Steg auftauchte, präsentierte er mir stolz ein Netz voll riesiger Barsche und
ließ sie wieder frei. Dann zündete er sich eine Zigarette an,
drückte mir meine Angel in die Hand, grinste und sagte:
«Adrenalin!»

Frauen und Männer

«Die Tiroler», heißt es in Heinrich Heines «Reisebildern», «sind schön, heiter, brav, und von unergründlicher Geistesbeschränktheit. Sie sind eine gesunde Menschenrasse, vielleicht weil sie zu dumm sind, um krank sein zu können.» Wenn in diesem Fall auch mit humoristischer Absicht (hoffentlich!), war man im neunzehnten Jahrhundert doch geneigt, ganze Völker über einen Kamm zu scheren. Kam man auch nur für ein paar Tage durch irgendeinen fremden Landstrich, wusste man bei der Abreise dann mit erstaunlicher Gewissheit zu sagen, wie es um den Menschenschlag dort bestellt war.

Tatsächlich mag es früher weniger Abweichungen, eine stärkere Norm gegeben haben, eine größere Uniformität auch, die Kleidung zumindest richtete sich nach Stand und Beruf, und so fiel es dem Reisenden leichter, den Einzelnen fürs Ganze zu nehmen. Vor allem musste er nicht damit rechnen, dass ihm sofort widersprochen wurde: Nur wenige konnten die nötige Zeit und das nötige Geld für weite Reisen aufbringen, und so verließ man sich auf das, was man las. Und wenn es auch nicht immer so ganz stimmen mochte, was da geschrieben stand, so entschädigte doch im Falle Heine wenigstens die Lebendigkeit der Darstellung für etwaige Ungenauigkeiten und den Mangel an Differenzierung.

Heute, wo jeder, der sich zumindest einen Billigflug leisten kann, nach wenigen Stunden in Italien oder Thailand landet, ist man erheblich vorsichtiger geworden mit Verallgemeinerungen. Die paar Gesichter, die einem wäh-

182

rend einer Reise begegnen, als exemplarisch für eine ganze Nation zu betrachten, dieses Risiko geht man lieber nicht ein; zu vielgestaltig scheint einem die Welt, zu bunt schon jede größere Metropole, sodass jede Erklärung zum großen Ganzen sofort eine gegensätzliche Meinung hervorruft – nicht selten in einem selbst. Völkerpsychologie ist darüber hinaus ohnehin aus der Mode geraten.

Ganz entziehen kann man sich dem Impuls, statuarische Urteile aufzustellen, dennoch nicht, ja der Drang, sich ein einheitliches Welt- und Menschenbild zu entwerfen, ist zuweilen unwiderstehlich. Gerade auf Reisen, wo vieles fremd und neu und unberechenbar scheint, entwickelt man schnell Bilder und Vorstellungen, an denen man sich festhalten kann. So ging es auch mir in Masuren.

Gleich nach ein paar Tagen schrieb ich in mein Notizbuch: «Freundlich, manchmal fröhlich ist man hier, auf der Straße aber meist verschlossen, die Gesichter in ihrem Ausdruck sehr ähnlich, gleichgültig, fast abweisend, der Mensch sehr mit sich und den eigenen Geschäften beschäftigt. Auch grüßt er grundsätzlich nie als Erster. Übernimmt man selbst aber das Grüßen, spricht ihn oder sie an: Gleich kommt ein sehr höfliches, manchmal lächelndes Grüßen zurück, eine Antwort.»

Im Grunde änderte sich dieses Bild in den folgenden Monaten kaum. Es sammelte sich zum Beispiel immer mehr Material zum Thema «Die Freundlichkeit der Polen» an. So fiel mir auf, dass all die Wachhunde, die man sich hier hielt, ganz kleine Kläffer waren. Jagen einem in Ungarn etwa die schweren, großzahnigen Wachhunde regelmäßig Angst ein, wenn sie laut bellend ans Tor geschossen kommen, sobald man sich nähert, so kann man die gänzlich ungefährlichen und manchmal sogar recht knuffigen polnischen Köter nicht ganz ernst nehmen; ein Relikt, scheint es, aus älteren Zeiten. Wie der kleine Zeh des Menschen, der zum An-den-Bäumen-Hängen nicht mehr taugt, auf den man aber ungern nur verzichten möchte.

Auch die Starenkästen schienen mir ein Beweis für die Grundgüte der Polen, stand doch vor jedem rechtzeitig ein Schild: «Achtung, Geschwindigkeitskontrolle!» Dass stete Freundlichkeit irgendwann enervierend wirkt, lässt sich nicht bestreiten. Selbst der junge Mann, auf dessen T-Shirt «People=Shit» zu lesen stand, lächelte zuvorkommend.

Angetan war ich auch von der polnischen Sprache, und zwar gerade dann, wenn sie nicht gesprochen wurde. Denn in meinen Ohren klingt sie nicht wirklich schön. Trotz der vielen Zischlaute ist sie doch härter als etwa das Russische. Spricht ein Pole oder eine Polin allerdings Deutsch, dann ist der Akzent unschlagbar. Nur ein französischer Akzent wirkt ähnlich aphrodisierend. Überhaupt scheint die historische Verbundenheit zwischen den beiden Völkern kein Zufall zu sein, sondern aus einer tiefen Wesensverwandtschaft zu erwachsen. Gerade die weiblichen Bevölkerungsteile ähneln sich in einer Hinsicht ungemein: Sowohl die Polinnen als auch die Französinnen geben in einer Weise auf ihr Äußeres acht, die nichts Eitles oder Übertriebenes an sich hat; jede Putzfrau, jede Supermarktkassiererin weiß sich dezent zu schmücken. Wenn die Masurin in Kleidungsfragen auch längst nicht den erlesenen Geschmack der Pariserin besitzt – und vor allem nicht die finanziellen Mittel, sich entsprechende Kleider zu beschaffen –, so ist sie in ihrem Äußeren doch niemals, nicht im Ansatz vulgär. Wie die Französin stellt sie stets Haltung und Würde zur Schau.

Ähnlich die Männer. Gleich ihren osteuropäischen Geschlechtsgenossen ziehen sie zwar der Schere des Coiffeurs den heimischen Rasierapparat vor, gewiss aber nicht, um mit dem kahlen Schädel militärischen Charme zu versprühen. Vielmehr stellt sich die Frage, ob der Pole mit seinem Äußeren überhaupt etwas ausdrücken möchte. Meist hat er die Form einer Kugelpyramide: in der Mitte der runde Bauch, oben der wie zum Kegeln blankpolierte Kopf.

Alles in allem trifft immer noch zu, was der Chronist, Theologe und spätere Bischof des Ermlands, Marcin Kromer, im sechzehnten Jahrhundert über die Polen schrieb: «Die Menschen hier haben eine meist helle Gesichtshaut, aschblondes, manchmal sogar weißes Haar; sie sind von mittlerem Wuchs oder ein wenig darüber, von stämmigem Körperbau, und nur die Frauenzimmer, zumal die Jungfrauen von vortrefflichem Adel und die aus Bürgerhäusern, achten peinlich darauf, sich durch entsprechende Pflege die Schlankheit eines Schilfrohrs, wie der berühmte Dichter (Terenz) schrieb, zu bewahren. [...] Die Polen haben oft ein offenes und ehrliches Wesen, lassen sich eher selbst betrügen, als daß sie jemanden irreführen; sie sind mehr zu Eintracht als zu Streit aufgelegt, zeigen weder Unverschämtheit noch Arroganz, im Gegenteil − sie sind sogar nachgiebig, kommt man ihnen nur höflich und mild entgegen. Das persönliche Beispiel wirkt auf sie vor allem, und im Großen und Ganzen hören sie auf ihre Herrscher und Verwalter. Sie neigen zur Höflichkeit, Artigkeit, Gewogenheit und Gastfreundschaft so sehr, daß sie unbekannte Menschen und Ankömmlinge aus fremden Ländern nicht nur gern empfangen und bewirten, sondern sogar aufnehmen und ihnen allerlei Hilfe erweisen; sie gehen mit jedermann gesellige und freundschaftliche Bindungen ein, ja, ahmen gern die Sitten jener nach, mit denen sie verkehren, und suchen sich ihre Vorbilder vornehmlich im Ausland.»

Ein Deutscher, ein Lehrer aus dem Ruhrgebiet, den ich

später in der Nähe von Lötzen traf, führte die Gastfreundschaft der Polen darauf zurück, dass sie seltener Ausländer zu Gesicht bekommen als der durchschnittliche Westdeutsche, deswegen seien sie noch aufgeschlossen und interessiert und nicht so gleichgültig und abgestumpft. Christoph hieß der Lehrer, und er war mit einer Polin verheiratet. Drei-, viermal im Jahr, sooft es ging, fuhren sie in ihr Haus am Wojnowo-See und aßen täglich Pansensuppe, eine Spezialität, an der ich keinen Gefallen finden konnte.

Ihr achtzehnjähriger Sohn sagte von sich, er sei hundert Prozent Deutscher und fünfzig Prozent Pole, eine «unverkrampfte» Ansicht, die den Vater sehr stolz machte.

«Jetzt aber knien Sie nieder», schrieb übrigens auch Heine, «oder wenigstens ziehen Sie den Hut ab – ich spreche von Polens Weibern. Mein Geist schweift an den Ufern des Ganges und sucht die zartesten und lieblichsten Blumen, um sie damit zu vergleichen. Aber was sind gegen diese holden Reize der Mallika, der Kuwalaja, der Oschadhi, der Nagakesarblüten, der heiligen Lotosblumen, und wie sie alle heißen mögen – Kamalata, Pedma, Kamala, Tamala, Cirischa usw.!! Hätte ich den Pinsel Raphaels, die Melodien Mozarts und die Sprache Calderons, so gelänge es mir vielleicht, Ihnen ein Gefühl in die Brust zu zaubern, das Sie empfinden würden, wenn eine wahre Polin, eine Weichsel-Aphrodite, vor Ihren hochbegnadigten Augen leibhaftig erschiene. Aber was sind raphaelsche Farbenkleckse gegen diese Altarbilder der Schönheit, die der lebendige Gott in seinen heitersten Stunden fröhlich hingezeichnet! Was sind Mozartsche Klimpereien gegen die Worte, die gefüllten Bonbons für die Seele, die aus den Rosenlippen dieser Süßen hervorquellen! Was sind alle calderonischen Sterne der Erde und Blumen des Himmels gegen diese Holden, die ich ebenfalls, auf gut calderonisch, Engel der Erde benamse, weil ich die Engel selbst Polinnen des Himmels nenne! Ja, mein Lieber, wer in ihre Gazellenaugen blickt, glaubt an den Himmel, und wenn er der eifrigste Anhänger des Baron Holbach war!»

Wobei Heine einräumt, er habe selbst zu oft geeifert gegen gewisse «Broschürenskribler, die, wenn sie einen Pariser Tanzmeister hüpfen sehen, aus dem Stegreif die Beurteilung eines Volkes schreiben». Diese allgemeinen Charakteristiken, sagt er, seien die Wurzeln allen Übels. So muss er von den Weichsel-Aphroditen denn einige gekannt haben.

Tage in Lötzen

In Lötzen hatte es sich eingeregnet. Seit Stunden schon kannte der Himmel kein Halten mehr. Lastwagen standen bis zu den Achsen im Schlamm, und ich hatte mir das nächstbeste Zimmer genommen, eines dieser Zimmer, die empfindlichen Seelen Schauder über den Rücken jagen, jenen, deren Kompass nicht auf Lebendiges, Drängendes zeigt, sondern das Ästhetische anvisiert.

Von diesen Zimmern, die so beißend nach Desinfektionsmitteln rochen – oder waren es bloß ehrliche, unparfümierte Reinigungsmittel? –, von ihnen hatte ich, seit ich Duły verlassen hatte, einige gesehen, mehr eigentlich, als ich ertragen konnte. Die Möbel waren, so man sie überhaupt Möbel nennen konnte, Kiefernmöbel. Das Bettzeug grob, die Bettlaken immer zu kurz, sodass man stets die Matratze sehen konnte und wie alt sie war. Die Kissen waren das, was Max Goldt einst «Milbenkotbeutel» genannt hatte, klumpig und aus grauer Vorzeit. In der Ecke stand ein alter Fernseher, die Nachttischlampen waren aus kommunistischer Produktion und die Badezimmer zweckmäßig, klinisch, gefängniszellenhaft. «Funktional» nannte sich all das im Reiseführerdeutsch, und gerne war auch von «gediegen» die Rede. Das war der Fall, wenn es Vorhänge gab.

Aber was konnte man erwarten für zwanzig, dreißig Euro? Sauber war es ja, fast zu sauber. Sogar Bilder hingen an den Wänden. Diese wiederum waren gerne farbig gestrichen, in Gelb oder Rosa, Grün oder Lila, und wenn die Farben auch verblasst waren, in der Regel irgendwie kränklich aussahen, galt es trotzdem, dankbar zu sein: wenn schon ein kalt gefliester Boden, dann wenigstens keine sterilen Krankenhauswände.

Eigentlich sah es nicht anders aus als in den Zimmern, die man für denselben Preis mietete, wenn man über deutsche Dörfer wanderte; der Hang zur Reinlichkeit war eben nur einen Tick weiter ausgeprägt.

Immerhin hatte mein Zimmer in Lötzen, das heute Giżycko hieß, ein Fenster oder besser gesagt eine Luke zum schönen Löwentinsee. Ich öffnete sie, um frische Luft hereinzulassen, beugte mich auch gleich hinaus, mit der Absicht, meine Nase in den Wind zu halten. Da sah ich zu meiner Linken, zwei Handbreit entfernt, eine Taube, die sich auf einen Absatz unter die Regenrinne gepresst hatte und mich erschrocken anstarrte. Doch falsch, zuerst sah ich den riesigen Kothügel unter ihr, ein pyramidenförmiges Gebilde, dreißig Zentimeter hoch, das vom Regen nicht erreicht wurde und dort sicher schon seit Wochen, wenn nicht seit Monaten vor sich hin wuchs, eine wahre, geradezu weltwunderhafte Kotpyramide.

Erst da schaute ich hoch und erblickte die Taube in ihrer Zuflucht, ihrem Abtritt. Leichter Ekel überkam mich, aber auch Mitleid mit der Taube, wie sie erschrocken dahockte und weder ein noch aus wusste. So nah war ich ihr, dass sie wohl keine Fluchtmöglichkeit sah; vielleicht erschien ihr der Regen auch als größerer Schrecken denn das Gesicht im Fenster.

Später ging ich hinaus, den Regenschirm fest im Griff, und bewunderte die Bauarbeiter, die trotz allem weiterackerten und ihre Laster durch den Schlamm manövrierten. Sonst war niemand auf der Straße. Ich schaute, was es für Geschäfte gab, ob ich irgendwo eine neue Regenjacke kaufen konnte, ging dann hinunter zum Hafen und über den Rummel dort.

Die Karussells, Spielautomaten, der «Topspin», das «Voyager», der «Megamix», und auch all die Erwachsenenkettcars, die in diesem sogenannten Sommer Mode waren, standen still. Die Kassenhäuschen waren geschlossen, kein Mensch war unterwegs, doch drang Musik aus all den Geräten und Maschinen, aus jedem und jeder eine andere, Musik in ganz normaler, eben ohrenbetäubender Rummellautstärke.

Parallel zum Kai verliefen Gleise und Straße, darüber hinweg hatte man eine große Brücke gebaut, die Stadt und Löwentinufer miteinander verbinden sollte, eine große Brücke mit einem hohen Brückenträger. Gelb war sie gestrichen, ganz neu glänzte die Farbe, einziger Leuchtpunkt weit und breit, ein riesiges gelbes Insekt, das in einer grauen Stadt gelandet war. Betreten durfte man es allerdings noch nicht. Noch nicht? Ich sah keinen Grund für das Verbot. Warum sollte man die Brücke dann in Zukunft überqueren dürfen? War diese Möglichkeit vielleicht gar nicht vorgesehen? Handelte es sich am Ende um eine Brücke zum Betrachten, nicht zum Begehen?

Im Regen war niemand da, den ich hätte fragen können. Hundert Meter weiter hatte sich eine Schulklasse in ein Bushäuschen gepresst, ein Mann aus Rendsburg sprach mich an und wollte wissen, wo der örtliche Campingplatz zu finden sei.

Lyck war zum Davonlaufen, Sensburg ein Schlag ins Gesicht, Lötzen aber, im Grunde auch nicht schöner, gefiel mir. Vielleicht, weil es eine Garnisonsstadt war. Wie in anderen Garnisonsstädten auch waren die Straßen hier breiter als üblich, als wolle man sich bereithalten für die

nächste Militärparade. Das verlieh der Stadt etwas Groß-
zügiges, fast Weltläufiges, man schien in ihr, als wären
breitere Straßen so etwas wie breitere Lungenflügel, besser
atmen zu können. Auch heute noch war Lötzen Armee-
stützpunkt, und immer wieder war am westlichen Stadt-
rand Gewehrfeuer zu hören.

In der Nähe lag auch die Feste Boyen, und als der Regen
eines Mittags etwas nachließ, wanderte ich dorthin. Warum man die Feste nicht Festung nannte, wusste ich nicht,
aber das Wort Feste passte bestens zu ihrem gewaltigen
Charakter. Sechs, sieben Meter hoch erhoben sich ihre
Steinwälle vor dem Auge des Betrachters, und auf dieser
sechs, sieben Meter hohen Mauer türmten sich Erdhügel,
wuchsen Bäume empor. Ja, es war, als würden die Steine
nur einen noch gewaltigeren Erdwall stützen.

Mitte des neunzehnten Jahrhunderts errichtet, hier am
Durchgang zwischen Löwentin- und Mauersee, sollte die
Feste, benannt nach Generalfeldmarschall Hermann von
Boyen, der auch den Grundstein legte, eine zentrale Vertei-
digungsstellung im östlichen Ostpreußen bilden.

Auch wenn sie heute altertümlich, geradezu mittelal-
terlich anmutet, hat sie offensichtlich im Ersten Weltkrieg
noch gute Dienste geleistet. Als der russische General
Kondratjew 1914 gegen sie vorrückte und zur Kapitulation
aufforderte, antwortete der Kommandant der Festung, ein
Oberst mit dem etwas albernen Namen Busse, mit einer
ebenfalls etwas albernen Note: «Euer Exzellenz! [...] Was
Ihre Aufforderung anbetrifft, die Feste zu übergeben, so
weise ich dieselbe für mich und meine tapfere Besatzung
als im höchsten Grade beleidigend zurück. Die Feste Boyen
wird nur als Trümmerhaufen übergeben!»

Tatsächlich war General Kondratjew daraufhin gezwun-
gen, den Umweg um den Spirdingsee zu nehmen. So kam

er zu spät, um Samsonow beizustehen, der soeben von Hindenburg geschlagen worden war.

Ich trat durch ein massives Tor in die Feste ein und ließ mich gleich von einem Schild verführen, die örtliche «Galerie» zu betreten. Dort hingen Kopien von Hogarth-Stichen und Rembrandt-Gemälden an der Wand, Kopien von Dürer-Zeichnungen und von Chodowieckis «Blättern zu Sprengel's Nordamerikanischer Revolution». Außerdem Ansichten Venedigs, ein Raum, der sich ganz der «Grafica Picasso» widmete (selbstverständlich in Kopien), und ein Raum mit «Grafica Computerowa», daneben Bilder und Skulpturen von einheimischen Künstlern (zum größten Teil Deutschordensritterskulpturen). Eine bunte, ja hanebüchene Zusammenstellung, ein wildes Sammelsurium.

Draußen, auf dem hundert Hektar großen Gelände, gab es dagegen nicht viel zu sehen: Überreste von Kasernen und allerlei anderen Gebäuden beziehungsweise in der Wallanlage eingelassenen Räumen: Kornspeicher, Pferdestall, Pulvermagazin, Brieftaubenstation, Zeughaus, Periskopstellung. Die Wallanlage selbst sah man von hier gar nicht, man hatte vielmehr das Gefühl, in einer großen Erdsenke zu stehen.

Ich beschloss daher, den Wall außen herum abzuschreiten, und verließ die Feste. Draußen stellte ich fest, dass sie sternförmig angelegt war, die Zacken des Sterns aber waren unregelmäßig. In einer Art Burggraben lief ich los, und allmählich setzte der Regen wieder ein. Ich war es nun gewohnt und störte mich nicht weiter daran. Überhaupt gefiel es mir auf dem Rundweg, der eigentlich ein Zackenweg war. Der Regen wurde stärker, und ich wunderte mich, wie groß diese Anlage wirklich war, welchen Umfang sie hatte. Sicher war ich schon zwanzig Minuten, wenn nicht eine halbe Stunde unterwegs, die hohe, baumbestandene

Umgrenzungsmauer zu meiner Rechten, zu meiner Linken einen ebenso hohen zweiten Erdwall. Wenn man diesen Graben nun fluten würde, dachte ich, wäre ich verloren.

Da sah ich vielleicht hundert Meter vor mir eine Gruppe junger Männer, die um irgendetwas herum einen Kreis gebildet hatten. Abrupt blieb ich stehen. Seit einer halben Stunde hatte ich niemanden gesehen, und nun diese seltsam verschwörerisch wirkenden Halbwüchsigen (die natürlich alle größer waren als ich). Noch hatten sie mich nicht bemerkt, noch konnte ich also umdrehen. Aber dann hätte ich eine weitere halbe Stunde zurücklaufen müssen, und ich war müde, und es regnete. Also ging ich weiter, man machte mir schweigend Platz, und um was immer sich die Gruppe geschart hatte, es war nun verschwunden. Hinter dem nächsten Zacken atmete ich durch und hatte auch den Ausgang erreicht.

Tage später regnete es noch immer. Abends ging ich hinunter zum Hafen, umschiffte Pfützen und schaute zum Horizont. Dort war längst alles grau, wenn auch nicht einfach nur grau. So viele Grauschichten schoben sich dort in- und aufeinander, dass jeder depressive Kunstmaler seine helle Freude daran gehabt hätte. Rechts lag die Marina, tausendzweihundert Liegeplätze, und kein Mensch zu sehen. Ganz in der Ferne aber wummerte ein Bass. Ich ging darauf zu, vorbei am tristen Rummel, an den leeren Bars, an einem Klohäuschen, vor dem die Klofrau saß wie eine Statue und vergeblich auf Einnahmen wartete. Dann musste ich über den Bahndamm, denn dahinter lag der Campingplatz. Hier spielte die Musik.

In einem riesigen grünen Bierzelt (Grün war die Farbe der Lech-Brauerei) legte ein DJ auf und rief dazu immer wieder animierend irgendetwas in sein Mikrophon. An den Seiten standen junge Männer, die allesamt so aussahen und mich anblickten, als würden sie für den Sicherheitsdienst arbeiten. In der Mitte des Zeltes tanzten sehr, sehr dünne Mädchen höchst euphorisch zu den Klängen der Musik beziehungsweise zu den Rufen des DJs. Unentwegte Kanonaden Kunstnebel hüllten sie fast dauerhaft ein. Aus den Lautsprechern kam Technomusik, zehn Minuten lang derselbe Beat, dazu quengelte eine Frauenstimme unablässig: «Johnny, la gente está muy loca.» Ein Gehbehinderter zog sich am Zeltgestänge aus seinem Rollstuhl und begann, seinen Körper im Rhythmus der Musik zu rütteln. Nebenan, in einer «Taverna», saßen Familien in Gummistiefeln, und am Rand des Zeltes sah ich im Regen den Wohnwagen des Rendsburgers stehen. Er hatte seinen Ruheplatz also gefunden.

Tags darauf ging ich zum Wasserturm. Dort sollte es ein Café geben, und Cafés waren in Masuren Mangelware. Dabei tat Tee not, denn es regnete unermüdlich. Und tatsächlich gab es ein Café, ganz oben, mit Blick über den grauverhangenen Löwentinsee. In der Mitte des Raumes verharrte ein Mann mit Höhenangst, während seine Söhne wild auf dem äußeren Umlauf in die Runde rannten. Eine Frau, die sich für ihren Ehemann schämte, weil er so laut telefonierte, strafte ihn hinterher, er wusste nicht, warum, mit starrem Blick und eisernem Schweigen.

Ich trank meinen Tee und schaute mir dann die Ausstellung an, die die übrigen Etagen des Wasserturms beherbergten, eine Sammlung von historischen Fotos, Postkarten, Tauf- und Meldebescheinigungen, polizeilichen Meldebögen, Personalbögen und allerlei Briefverkehr. Eine Anfrage der Sparkasse Lötzen zum Beispiel an die Sparkasse Soest betr. Eilzuweisung 8958: «Mit der rubr. Eilzuweisung erhielten wir den Gegenwert für einen Scheck über RM 25,– Kto Nr. 66. Auf dem Überweisungsformular fehlt der Sicherheitsstempel. Wir bitten um Bestätigung, dass der Auftrag in Ordnung geht. Mit deutschem Gruß und Heil Hitler.»

Außerdem Zeugnisse, Wehrpässe, Rundschreiben der Ortsjugendgruppenführerin, ein Arbeitsbuch, eine Arbeitskarte und eine erstaunliche Bescheinigung des Arbeitsamtes Löbau: «Die polnische Landarbeiterin Anna Malaszuk, geb. 1890, beschäftigt bei Bauer Reinhard Deutscher, Ruppersdorf A 58, ist in Folge Krankheit am 10.9.1942 nach der Heimat in Marsch gesetzt worden. Von ihrem Betriebsführer hat sie eine Fahrkarte bis Biała-Podlaska erhalten. Die M. ist angewiesen, sich bei ihrer Ankunft in der Heimat beim Arbeitsamt Biała-Podlaska zu melden. Da die M. der deutschen Sprache nicht mächtig ist, bitte ich, ihr behilflich zu sein und ihr erforderlichen Schutz und Hilfe zu gewähren.»

Adressbücher überdies, Grundrisse, Landkarten, Flüchtlingsausweise, Kalender, eine Scheidungsurkunde – und ein Ausweis, der besagt, dass Postmeister Reimann beauftragt sei, die Poststellen Kersten, Langebrück, Memtau und Vollmarstein zu prüfen und deswegen auch die Berechtigung habe, die dafür in Frage kommenden «Kraftposten» zu benutzen. Waren das, fragte ich mich, besonders kräftige Männer, die auf Posten standen, echte Kraftprotze? Oder bloß schnöde Kraftfahrzeuge der Post? Ich vermutete Letzteres, hoffte gleichwohl auf Ersteres, trank noch einen Tee und wartete ab.

Es regnete weiter, und mir fiel auf, dass die Menschen hier im Osten sofort ihre Regenschirme zückten, und zwar so schnell, wie man es im Süden niemals sehen würde. Kein prüfender Blick in den Himmel, keine offene Handfläche, die testweise ausgestreckt würde, stattdessen wird ohne zu zögern der Schirm aufgespannt.

Es war meine Zeit der Suppen. Morgens aß ich Żurek, eine deftige und würzige Angelegenheit, mit Wurst und Ei und Majoran und Sauerteig. Manche taten Pilze hinzu, aber das war überflüssig. Mittags gab es Hühnersuppe und abends dann, der Höhepunkt, Zupa Szczawiowa, eine Sauerampfersuppe.

So löffelte ich mich durch den Tag und dachte, dass Masuren doch das Land der kleinen Freuden sei, kein Ort für existenzielle Erfahrungen. Es gab keine nennenswerten Berge zu besteigen, keine Räuberbanden, derer man sich erwehren musste, keine wilden Tiere, die einen anfielen. In Masuren wurden keine Waffen auf offener Straße verkauft, keine Drogen, die Polizisten filzten nicht jeden Spaziergänger und ließen ihn an ihren Lada gelehnt die Beine spreizen, es gab keine Schlangen, keine Skorpione, nicht einmal Wanzen in den Betten. Niemals würde man hier Hunger leiden, geschweige denn Durst. Selbst die Mücken machten sich in diesem Sommer, der allmählich Herbst wurde, rar. Nur an Suppe mangelte es nie; es war Masuren ein Suppenparadies.

Sonntags ging ich in die evangelische Kirche. Wie die Kirche in Nikolaiken ging sie angeblich auf Pläne Schinkels zurück, war aber keineswegs so filigran wie jene. Ein Pastor aus dem Hannoverschen leitete hier einen Urlaubergottesdienst und machte dabei ein solch dummes Gesicht, dass ich nach zehn Minuten hinauslief auf die Straße und am liebsten geschrien hätte.

Seit Tagen, Wochen, Jahren regnete es, und ich spielte mit dem Gedanken, radikal zu sein und im Reisebüro gegenüber einfach einen Flug nach Rhodos oder sonst wohin zu buchen, nur weg, in den Süden, wo die Sonne schien.

Aber da spielte ich schon zu lange und musste erkennen, dass der wahrhaft Radikale dabliebe und es aussäße, dauerte es auch bis ans Ende seiner Zeit. Es war eine Herausforderung, nicht nur eine männliche, sondern eine menschliche. Wie hätte ich mich ihr entziehen können? Einmal erkannt, war es zu spät dafür.

Volkskunst

Nein, so etwas Quirliges wie Krystyna hatte ich hier nicht erwartet, im Gegenteil, als ich ein paar Wochen zuvor zum ersten Mal durch Angerburg gekommen war, hätte ich am liebsten die Augen verschlossen vor so viel Trostlosigkeit. Ein paar Plattenbauten, eine Kaserne der Masurischen Artillerie und ein *Biedronka*-Supermarkt, dessen Marien-käfer-Logo mit Abstand den freundlichsten Farbtupfer im ganzen Ort darstellte. Angerburg oder Węgorzewo, wie es heute hieß, schien mir der Inbegriff jener Geschichts- und Kulturlosigkeit, die ich so vielen masurischen Ortschaften anzumerken meinte.

Wie konnte man hier, waren Wasser und Wälder auch nicht weit, bloß leben? Ich stellte mir vor, dass sich Węgorzewo allerhöchstens ertragen ließe. Wohlfühlen, da war ich mir sicher, konnte man sich da nicht, geschweige denn heimisch werden. Es war ein Ort, dessen Wurzeln gekappt waren, aus dessen Erde nichts Neues wuchs. Die billigen Bauten entlang der Hauptstraße waren mir Bestätigung genug, sie kümmerten dahin, als ob der karge Boden ihnen die Substanz entzog.

Umso mehr irritierte mich Krystyna, deren Hände durch die Luft flatterten, deren Augen Funken sprühten, deren Lebendigkeit, kurz gesagt, elektrisierend war. Woher nahm sie in dieser fruchtlosen Gegend nur all die Energie?

Längst hatte ich eine Theorie aufgestellt, nach der Masuren ein Transitraum war: Überall hatte ich Menschen getroffen, die gerade im Ausland gewesen waren oder planten fortzugehen; Menschen, die mir von Eltern, Freunden, Bekannten erzählten, die in Berlin arbeiteten, in Genf, Rom oder auch in Warschau; alle, so schien es, waren ständig unterwegs, sodass es kein Wunder war, dass Masuren auch heute noch zu den am dünnsten besiedelten Regionen Europas zählte. Und viele, die vor Ort waren, kamen aus ganz anderen Gegenden, aus Pommern, Schlesien oder Podlachien. Sie waren hergezogen, um im Tourismus zu arbeiten, manche auch, weil sie die Nase voll hatten von Posen oder Warschau und Abstand haben wollten, Ruhe und Natur.

Fragte man schließlich die gebürtigen Masuren, die Pawełs oder Nataljas, woher ihre Eltern, ihre Großeltern stammten, so hörte man eines eben fast nie: aus Masuren.

Alle waren sie mehr oder weniger auf der Durchreise, sagte ich mir, denn das gefiel mir. Es erklärte alles: Die billige Bauweise, die schlechten Straßen, das passte zu all den gelehrten Büchern, die ich über den neuen Osten gelesen hatte. Hier wollte man sich nicht länger aufhalten und einrichten, hier war man unterwegs.

Wenn von Geschichte die Rede war, dachte ich allein an deutsche Geschichte. Waren es nicht alles Relikte aus deutscher Zeit, die in den vielen sogenannten Heimatmuseen zu sehen waren? Waren es nicht allein deutsche Heißwringer und Panzerfäuste, die da die Räume zierten?

Für mich ging ein Schnitt durch Masuren, es gab die Zeit vor 1945 und die Zeit danach. Die letzten sechzig Jahre schienen mir eine Übergangszeit zu sein, eine Epoche, die nichts von Dauer hervorgebracht hatte, ein Provisorium, das fortbestand. Keine Ahnung, warum ich mich dagegen wehrte, dass die Geschichte weitergegangen war.

Was also machte diese Frau da, worauf wies sie mich so energisch hin? Ich brauchte eine Weile, bis ich verstand.

«Russisch», sagte sie und zeigte auf einen holzgeschnitzten Vogel mit breit ausgespanntem Federkleid; «Ukrainisch», sagte sie und zeigte auf ein seltsames sperrartiges Blumengesteck. Wir befanden uns im Muzeum Kultury Ludowej, und hätte ich gewusst, was «Ludowej» bedeutet, hätte ich vielleicht schneller geschaltet.

Hergekommen war ich, weil meine Ignoranz doch Grenzen kannte, ich wollte wissen, wer denn eigentlich an die Stelle der deutschen Bevölkerung getreten war. Etwa zwei Millionen Menschen waren im Winter 44/45 aus Ostpreußen vor der Roten Armee gen Westen geflüchtet; viele wurden von der Front bald eingeholt, andere kehrten noch im selben Jahr zurück. Und doch waren weite Landstriche wie leergefegt, Abertausende Bauernhöfe standen mit einem Mal verlassen da, die Felder lagen brach, das Fleisch, wie man sagte, briet noch in der Pfanne. Es kam zu Plünderungen durch die Rote Armee, Menschen reisten selbst aus Warschau an, um Schränke, Betten, Maschinen abzutransportieren, zu schweigen von all der leichter beweglichen Habe, die nun herrenlos in den Gehöften herumlag.

Es kamen aber auch Menschen aus den benachbarten Regionen, aus der Gegend um Suwałki und Augustów vor allem, aus Dörfern, die besonders unter dem Krieg gelitten hatten und darunter, dass die Offensive der Roten Armee im Januar 1945 gerade bei ihnen in der Gegend steckengeblieben war. Sie kannten Masuren mitunter gut und wollten nun schauen, ob sich dort nicht dauerhaft Fuß fassen ließe. Wenn die Verhältnisse in Masuren auch immer schwierig gewesen waren, die Böden schlecht, die Infrastruktur schwach, so hatte es doch weiter im Osten nie viel besser ausgesehen. Auch wirtschafteten die Bauern an den Flüssen Hańsza und Czarna und darüber hinaus auf sehr kleinen Parzellen, die durch Erbteilungen nur noch immer kleiner wurden. In Masuren hofften sie nun, größere Anbauflächen zu finden.

Und sie wurden fündig. Die Übertragung des Eigentums verlief überdies problemlos. Es brauchte nur eine Unterschrift, und schon stand man als neuer Besitzer in den Akten.

Einen veränderten Status erfuhren auch die verbliebenen Deutschen, sie galten jetzt als «Autochthone». Da die offizielle Linie inzwischen lautete, Masuren sei urpolnisches Gebiet und nun endlich heimgekehrt, nein, nicht ins Reich, aber doch in den neuen polnischen Staat, wurden auch die eigentlich deutschsprechenden Masuren als Heimkehrer begrüßt. Als verlorene Kinder sollten sie in den Schoß der polnischen Familie zurückfinden. Dazu war ebenfalls nicht mehr als eine Unterschrift vonnöten. Die Autochthonen, Einheimische unter Vorbehalt, sollten sich zum Polentum bekennen. Das wollten jedoch die wenigsten. Auch Zwangsmaßnahmen brachten nicht den gewünschten Erfolg. So kam es Mitte der fünfziger Jahre zu einer zweiten Ausreisewelle. Von der ursprünglichen Bevölkerung war jetzt kaum noch jemand übrig.

Hinzugekommen waren in der Zwischenzeit dafür Zehntausende Menschen aus der Ukraine. Gegen Kriegsende war es zu Kämpfen im polnisch-ukrainischen Grenzgebiet gekommen. Die «Ukrainische Aufstandsarmee» (UPA) – eher eine Partisanenbewegung – focht für einen von Polen und der Sowjetunion unabhängigen Staat. Doch die UPA wurde bald besiegt. Als Strafaktion und um weitere Unabhängigkeitsbestrebungen zu unterbinden, wurden in der «Aktion Weichsel» etwa hundertfünfzigtausend Ukrainer aus dem ehemaligen Galizien nach Schlesien, Pommern und vor allem nach Masuren umgesiedelt, ihre Dörfer im Südosten zerstört.

Einer von ihnen war der Großvater Krystynas, die, vielleicht Mitte dreißig, als Kuratorin im Muzeum Kultury Ludowej arbeitete und mich nun herumführte. Es sollte mein definitiv letztes Museum sein, hatte ich mir am Vorabend im einzigen Hotel des Ortes geschworen, als ich bei Bratkartoffeln und Roter Bete auf die Blumentapete schaute, die die Wände des Hotelrestaurants zierte. Ein knallbuntes Geschlinge und Geblühe, das in der ansonsten so tristen Angerburger Umgebung beinahe Schwindel erzeugte. Auf meinem Tisch stand zudem ein Glaskelch, in dem echte rosa Rosen standen, geschmückt mit einer silbernen Perlenschnur. Im Rosenwasser schimmerten zu allem Überfluss lila Kristalle.

Ratlos saß ich davor. Gerne hätte ich diesen Anblick im Rahmen meiner Transit-Theorie als Geschmacklosigkeit abgetan, als Ausdruck gekappter kultureller Wurzeln. Der Raum schien mir wie ein «Bijou Brigitte»-Laden mit all seinem bunten Kunstschmuck und Kitsch. Aber zweifellos herrschte hier ein Wille zur Gestaltung. Es hatte sich jemand eindeutig Gedanken gemacht.

Wirklich nachdenklich wurde ich dann, als Krystyna mit Begeisterung erzählte, wer neben ihr so alles im Museum arbeitete. Tatsächlich war selbst um diese frühe Stunde viel los, Ethnologen und Archäologen wurden mir vorgestellt, Töpferinnen, Weberinnen, Ikonenmaler waren zugange, es wurde gestickt, geknüpft, geklöppelt, an besagten Holzfiguren geschnitzt, Papierblumen gefaltet, Stoffblumen genäht. Es war also alles andere als ein Museum toter, vergangener Dinge. Es war ein Museum für Volkskunst, das Muzeum Kultury Ludowej eben.

Dieses Museum lebte, hier herrschte Betrieb. Und am betriebsamsten war die zierliche blonde Frau da vor mir, denn sie hatte eigentlich Besseres zu tun, als diesen behäbigen Deutschen, der sich nicht einmal angemeldet hatte, herumzuführen. In zwei Stunden nämlich würde anderswo eine Ausstellung eröffnet, an der das Museum beteiligt sei, da müsse alles fertig sein, und so viel gebe es noch zu tun!

Aber dann erzählte Krystyna mir doch noch, dass ihr zweiter Großvater aus dem Gebiet des heutigen Russland eingewandert war. Geradezu multikulturell gehe es zu in Węgorzewo, und dieser Tradition sei man sich durchaus bewusst. Den Vogel aus Russland, das Blumengesteck nach ukrainischer Art hätte ich ja gesehen. Ukrainisch werde auch an der örtlichen Schule unterrichtet. Und dann führe man noch jedes Jahr dieses alte Märchenstück auf, singe Lieder ... Jetzt aber müsse sie wirklich, hier, ihre Karte, und mit schnellen Schritten war sie entschwunden.

Entsetzt blieb ich zurück. Mit einem Schlag war meine schöne Theorie zusammengebrochen. Es gab also doch eine eigenständige Regionalkultur, man war sich der verschiedenen Traditionen durchaus bewusst und pflegte sie. Stolz hatte mich Krystyna darauf hingewiesen, dass Angerburg 1945 fast vollständig zerstört gewesen wäre; innerhalb von nur fünfzehn Jahren hätte man alle Trümmer beseitigt und eine komplett neue Stadt aufgebaut.

Was für architektonische Meisterleistungen hatte ich da erwartet?! Statt auf die kleinen Dinge achtzugeben, die Blumengestecke und Holzschnitzereien, hatte ich nach Gebäuden Ausschau gehalten, die vielleicht internationale Bauausstellungen schmückten, doch gewiss nicht das dörfliche Masuren.

In Masuren, das hatte ich nebenbei noch erfahren, mauerten die deportierten Ukrainer als Erstes die Vordereingänge der ihnen zugewiesenen Gehöfte zu. Da, wo sie herstammten, nutzte man den Seiteneingang, denn es galt als Privatsache, wer einen besuchen kam. Auch das ein Ausdruck eigenständiger kultureller Identität, der mir bisher verborgen geblieben war. Ich begann, mich als blind zu schimpfen, überheblich, und um mich zu beruhigen, verließ ich das Haupthaus und ging auf dem Museumsgelände umher.

Auch hier standen alte Holzhäuser, mit eingeworbenen Mitteln wiedererrichtet. Sogar eine hölzerne Feuerwehrremise stand da, die einzige ihrer Art. Unter einem Vordach lagen Dutzende alter Schulbänke gestapelt, ein Mann besserte ein Mäuerchen aus. Ich dachte an die Ukrainer, die aus ihrer alten Heimat angeblich einen Stein mitgebracht hatten, um den Deckel der Wassertonne damit zu beschweren. So wenige Steine waren in ihrer fruchtbaren schwarzen Erde zu finden, dass sie wie Kostbarkeiten gehütet wurden. Im nördlichen Masuren mussten sie dann freilich nach Erde suchen, so steinig war, anders als im sandigen Süden, der Boden.

Schließlich gelangte ich an das Ende des Rundgangs. Dort stand, von einem Vordach geschützt, die Grabplatte Meinhard von Lehndorffs aus Steinort, darauf eingemeißelt, fast in Lebensgröße, der Verstorbene mit Schwert und Rüstung und einem Spitzbärtchen à la d'Artagnan. Es verlieh ihm das Bärtchen etwas Schelmisches. Freundlich betrachteten mich auch seine steinernen Augen, und es kam mir überhaupt nicht so vor, als würden uns vierhundert Jahre trennen.

Die Vergangenheit, sie war nicht tot. Man musste nur genau hinsehen, das hatte ich begriffen, dann schaute sie zurück.

Langsame Fortbewegung

Mittag war schon vorüber, als ich den Bahnsteig von Iława betrat und mich auf die Suche nach dem Fahrplan machte. Bis hinunter nach Iłowo wäre ich gern gefahren, dorthin, wo einst die russische Grenze lag, Illowo, wo Auswanderer nach Amerika die Bahn zum Hamburger Hafen bestiegen hatten. Nach Iłowo aber fuhr kein Zug mehr, nur bis Soldau, zehn Kilometer vor Iłowo.

Soldau oder Dschi-au-dowo, wie es heute ausgesprochen wurde, war der größte Ort im Soldauer Land, einem Teil Masurens, der nach dem Ersten Weltkrieg Polen zugeschlagen worden war, damit die Bahnlinie nach Danzig, das zwischen den Kriegen als Freistaat unter dem Schutz des Völkerbunds stand, nicht durch deutsches Gebiet verlaufen musste.

Der Zug nach Dschi-au-dowo oder Działdowo aber sollte erst in zwei Stunden fahren, also wanderte ich durchs triste Deutsch Eylau oder Iława (nicht zu verwechseln mit Iłowo, wohin ja kein Zug mehr fuhr) und kaufte im Supermarkt Würstchen und Brötchen, weil dem einzigen Restaurant beziehungsweise Dönerstand vor Ort ein so intensiver Geruch nach altem Fett entströmte, dass ich auf warme Nahrung lieber verzichtete.

Zwei Stunden später dann musste ich feststellen, dass der Mittagszug nach Soldau im Sommer nicht fuhr, eine ganz neue Erfahrung für mich, denn zu Beginn meiner Reise hatte es immer wieder geheißen, dieser oder jener Zug oder Bus fahre «nur» im Sommer. Schnell wollte ich umdisponieren und zurück nach Ostróda, um von dort aus hinunter gen

Süden zu gelangen, aber da fuhr mir der Zug vor der Nase weg. Ich wartete also noch einmal zwei Stunden auf den nächsten Zug und traf am späten Nachmittag in Soldau ein.

Kein schönes, aber ein gepflegtes Städtchen, dachte ich, als ich mich dem Zentrum näherte; dort angekommen, auf dem Marktplatz, war ich dann sogar verlockt, nicht nur das «gepflegt», sondern auch ein «schön» gelten zu lassen: in der Mitte ein Kirchlein, umgeben von einem Parklein, und drum herum, im Quadrat, lauter schnuckelige Häuslein mit hübschen alten roten Ziegeldächern, mit Schornsteinen und dezent blätterndem Fassadenputz.

Ja, putzig! Dieser Marktplatz war mal nicht nur Parkplatz, wenn freilich an der Kirche auch Autos standen, daneben ein paar Jugendliche, die die Bässe ihrer Stereoanlagen testeten und bald darauf Rennen fuhren, einige Male im Kreis beziehungsweise im Quadrat herum, dann war wieder Ruhe.

Vier Damen, in Rosa, Gelb, Orange und Pink, plauderten auf einer Parkbank sitzend miteinander, ein Mann mit Schnauzer und rasiertem Schädel führte seinen Pudel spazieren, ein kleiner Junge trat kräftig in die Pedale, um seinen großen Bruder, der auf Rollschuhen stand, hinter sich herzuziehen.

Ich aß eine Pizza, aus dem späten Nachmittag wurde früher Abend, die Geschäfte hatten längst geschlossen, ja beim anschließenden Gang durch das Örtchen schien mir, es hätten sich die meisten Einwohner schon schlafen gelegt. Also wollte auch ich mir einen Platz für die Nacht suchen, aber, o Wunder, es gab keinen mehr. Die Hotels waren ausgebucht, auch wenn von Gästen weit und breit nichts zu sehen war. Ich fühlte mich kalt abgewiesen, beinahe zurückgestoßen. Hatte ich eben begonnen, Soldau in mein Herz zu schließen, wollte es nun plötzlich nichts mehr von mir wissen. So blieb mir nichts anderes übrig, als wieder zum Bahnhof zu gehen.

Ein Zug würde bald fahren, nach Neidenburg, und das war immerhin eine gute Nachricht, denn Neidenburg lag näher an meinem eigentlichen Ziel. Nicht Soldau oder Illowo nämlich wollte ich unbedingt sehen, so dringend, dass ich meine Heimreise noch einmal verschoben hatte, sondern Złote Góry, die Goldberge.

Die Goldberge, hatte ich gelesen, sollten zwischen Neidenburg und Willenberg, nördlich des Kirchdorfes Muschaken, liegen, es klang, als könne man es genauer nicht sagen, als wären die Goldberge ein Gerücht und mit Gewissheit nur in der Märchenwelt angesiedelt.

Masuren war nicht eben reich an Märchen und Mythen, nichts im Vergleich zu dem, was die Griechen oder auch die Hessen hervorgebracht hatten. Um die Goldberge aber rankte sich eine vinetaartige Erzählung: In den Goldbergen, so heißt es in Max Toeppens Buch «Aberglauben aus Masuren», sei nicht bloß ein Schloss, sondern gleich eine ganze Stadt versunken, und in «alter Zeit kamen öfter zwei Fräulein aus denselben hervor. Eins derselben bat einen Bauer aus Zimnawoda, sie zu erlösen, gab ihm auch Mittel und Wege dazu an und bestellte ihn zu diesem Behufe auf einen bestimmten Tag an den Berg. Als er dahin kam, drang ein Heer von Reitern aus dem Berge auf ihn ein und drohte, ihn in Stücke zu hauen. Der Bauer erschrak so, daß er davon lief und jeden Versuch der Befreiung aufgab. Seitdem zeigt sich nur noch ein Fräulein, doch ist auch dieses jetzt verschwunden.»

Ein zugegebenermaßen etwas maues Märchen, aber immerhin sollte mit Schloss und Stadt auch ein Schatz dort begraben liegen. Ein großes Versprechen, dachte ich und hoffte endgültig auf einen würdigen Abschluss meiner Reise.

Die Seesker Höhen nämlich, der Ort, wo Masuren eigentlich enden sollte, waren, tags zuvor, eine Enttäuschung gewesen. Von Olecko aus war ich dort hingelangt, die Hügel hinaufgewandert, aber es war nichts zu sehen gewesen, ein verlassenes Gehöft, ein Sendemast, den ich für die Markierung der höchsten Erhebung hielt, denn alles drum herum sah gleich hoch, das heißt gleich niedrig aus.

So war ich weiter nach Goldap gefahren, ein paar Kilometer hinter den Seesker Höhen und damit streng genommen nicht mehr in Masuren liegend. In Goldap, so hatte ich gehofft, würde meine Reise ihren glänzenden Abschluss finden. Hörte sich Masuren schön an, schöner, verlockender noch klang der Name Goldap in meinen Ohren, ein akustisches Schmuckstück.

Doch es glänzt nicht alles, was Goldap heißt, und ich hätte es eigentlich ahnen können. Trottelig war ich dem Schild «Centrum» gefolgt und hatte mich ein ums andere Mal gefragt, wo das Zentrum denn bloß sei. Erst als ich schon mehrfach in die Runde gelaufen war, stellte ich fest, dass ich mich im Zentrum längst befand. Den zentralen Platz hatte ich umrundet, ihn als solchen aber nicht erkannt. In der Mitte war ein riesiges Areal des riesigen Marktplatzes durch einen Bauzaun abgeschirmt; ich stellte mich auf die Zehenspitzen und schaute hinüber. Eine hölzerne Brücke entdeckte ich da, eine parkähnliche Anlage, einiges Baugerät und mächtige Erdhügel, die schon von Gras überwuchert waren. Hier, so schien es, geschah nichts mehr. Überhaupt wirkte ganz Goldap, zumindest das sogenannte Zentrum, tot. Traurig blickten mich leere Schaufenster an, in den Dönerbuden war niemand. Es herrschte auch wenig Verkehr.

So lief ich aus der Stadt hinaus, warf einen Blick auf die russische Grenze, ein Niemandsland, wo Russen, die es hinübergeschafft hatten, mit ihren Autos am Straßenrand standen und sich erst einmal sammelten.

Ich war also gewarnt, als ich mich auf den Weg machte zu den Goldbergen. Aber die Natur, sagte ich mir, hatte mich in Masuren noch nie enttäuscht; wahrscheinlich gab es in den Goldbergen gar nichts Besonderes zu sehen, aber selbst das Unbesondere war in den masurischen Wäldern, anders als in den masurischen Städten und Dörfern, immer noch recht hübsch.

Das hätte ich mir natürlich alles früher überlegen können und nicht erst im Zug, der mich zurück nach Deutschland bringen sollte. Aber so war es nun eben, ich hatte ihn wieder verlassen, in Iława, war von dort aus nach Soldau gefahren – Soldau, das so schön solide klang – und würde nun weiterreisen nach Neidenburg, keine kleine Stadt, für masurische Verhältnisse jedenfalls. Von dort aus würde ich dann schon nach Muschaken kommen und weiter in die Goldberge. Ein Tag war dafür womöglich etwas wenig, aber ich müsste es versuchen, ja die Goldberge, dachte ich, was für ein Abschluss wäre das! Es hätte etwas geradezu Mystisches oder zumindest Symbolisches an sich, von den Goldbergen aus sich verabschieden und direkt ins Reich der Legenden entschwinden, sich in Luft und Wohlgefallen auflösen.

So zumindest stellte ich es mir jetzt auf dem Weg zum Soldauer Bahnhof vor, froh im Grunde, kein Hotel gefunden zu haben und noch eine Etappe weiterzureisen.

Mit mir am Bahnsteig saßen vier müde Geschäftsleute. Nur einer war stehen geblieben, hatte sich vor den anderen aufgebaut, das Jackett abgelegt, und erzählte Geschichten. Sehr gestenreich ahmte er eine Frauenbekanntschaft nach, wiegte sich dabei in den Hüften und ließ die eigene füllige

Brust ein wenig spielen. An seinem Gürtel wippten gleich zwei lederne Handytaschen auf und nieder.

Kalter Wind kam nun auf, und ich zog mir den Kragen fest um den Hals. Langsam verging die Zeit, da tauchten noch andere Reisende auf. Doch der Zug kam nicht, dafür eine Durchsage, die ich nicht verstand. Ich fragte ein sehr anmutiges Wesen, das plötzlich neben mir stand, nach dem Gesagten. Erst zeigte sie sich scheu, dann aber übersetzte sie mir, was ich schon vermutet hatte: dass der Zug verspätet war, und zwar um eine halbe Stunde, was ein Blick auf die Uhr wiederum mehr als bestätigte. Einige Minuten später fügte sie noch den Grund für die Verspätung hinzu: Jemand habe in Mława (oder Mielau) sein Telefon vergessen.

Der Zusammenhang erschloss sich mir nicht, ich dachte, es muss sein wie mit dem Flügelschlag des chinesischen Schmetterlings, der am anderen Ende der Welt einen Orkan hervorruft – egal, was wir tun, es hat eben unabsehbare Folgen, und wenn jemand in Mława sein Telefon vergaß, nun ja, dann verspätete sich schon mal ein Zug in Dschi-au-dowo. «Now he is coming», sagte das Wesen noch ganz bezaubernd, als sich schon die Türen vor uns öffneten.

In Neidenburg nun hoffte ich, noch ein Zimmer zu finden, im nächtlichen Dunkel, und ich fand es auch, in der Neidenburg selbst, ganz oben, mit Blick in den Hof hinunter und weit über das Land hinaus. Da stand ich dann lange und stellte mir vor, es gäbe nicht die 7 dort hinten in der Ferne, über die noch die Lastwagen donnerten, stellte mir auch vor, dass unten im Hof keine Bierbänke ständen, sondern Heu läge und Menschen im Heu, Pferde wärmend in der Nähe, einige Hunde, Hühner, die schliefen, schummrige Laternen, den Geruch nach Rauch, das Klirren irgendwelcher Ketten, Schnaufen, Husten, Schnarchen. Dann schlief auch ich ein.

Am nächsten Morgen ging ich hinunter zum Marktplatz, ein Taxi zu suchen, aber es war kein Taxi da. Was sollte ich also tun? Wieder den weiten Weg zum Bahnhof, ohne Gewissheit, dass ein Bus oder eine Bahn fahren würde, ohne Gewissheit auch, dass am Bahnhof ein Taxi auf mich warten würde? Oder wieder hoch, hinauf zur Burg und das nette Rezeptionsfräulein bitten, mir ein Taxi zu rufen? Ich entschied mich für den Bahnhof, an dem kein Zug fuhr, kein Bus auch, und schon gar nicht wartete dort ein Taxi. Am Bahnhof saß nur ein Mann, so dick, dass sein eigener Bauch die in der Brusttasche steckende Schachtel Zigaretten hart gegen seine Wange drückte. Die Fäuste hatte er herrscherlich auf die Oberschenkel gestemmt. Es brauchte eine Weile, bis ich einsah, dass er sie schon nicht mehr in die Hosentaschen stecken konnte, so weit trieb sein kolossaler Bauch die Arme auseinander.

Also ging ich wieder zurück zum Markt und hinauf zur Burg. Das Burgfräulein telefonierte eine Weile herum und beschied mir dann, es gäbe kein Taxi in Neidenburg. «Kein Taxi in ganz Neidenburg? Fünfzehntausend Einwohner und null Taxis?» Doch nein, kein Taxi.

Missmutig stiefelte ich den Burgberg wieder hinab, horchte in meine Beine hinein, aber auch meine Beine sagten nein. Nicht mit uns heute, bis Muschaken sind es fünfzehn Kilometer, und die Goldberge hinauf sicher noch einmal fünf, und dann müssten wir ja auch wieder zurück, das wären vierzig Kilometer heute, ein Marathon, das kannst du uns nicht antun.

Ich ging trotzdem testweise los in Richtung Willenberg, streckte auch testweise einmal den Daumen raus, aber natürlich hielt niemand, alle hatten sie wieder diesen angewiderten Ausdruck im Gesicht, den Tramper hierzulande unweigerlich hervorriefen. So zog ich den Arm schnell wieder ein, schaute die Straße hinunter und stellte fest, dass sie schmal war und nicht einmal über einen Hauch von Seitenstreifen verfügte. Es war wirklich verflixt. Ob es an der Gegend lag, an der Luft, die hier wehte? Ein Zauber, der mich fernhielt, von was auch immer?

Immerhin hatte schon neunzig Jahre zuvor die *Vossische Zeitung* in der Gegend einen «Massen-Wahn» ausgemacht: «Eines schönen Apriltages von 1921 war in Muschaken ein 70jähriger Holzfäller aus Jablonken erschienen und berichtete, daß er seit Oktober 1920 allnächtlich Besuch von zwei herrlich schönen, jungen, guten Geistern erhalte, die ihm andauernd befehlen, die Masuren zur erneuten Erlösung der im Goldenen Berge verzauberten Stadt aufzurufen ... im April, also vor einem Monat, wanderte der fast Blinde aus seinem Dorf auf die rund zwölf Kilometer entfernt liegenden Goldenen Berge ... Bei einigen Bewohnern des Dorfes Muschaken fand der früher als Trunkenbold berüchtigte Holzfäller Anhänger, die seinen wirren Erzählungen aufs Wort glaubten. Der Geisterbeschwörer trat vor sie hin und erstattete ihnen genauen Bericht. Die Geister hätten ihn dazu ausgewählt, die Teufelsbeschwörungen zu leiten und für eine ständige Fühlungsnahme mit den Wohltatsengeln zu sorgen ... So standen nun die Masuren auf dem Hügel, oft auch nachts, trotz Regen und Wind, beschworen die Teufelsgeister durch andauernde, in masurischer Sprache gesprochene und gesungene Gebete und Formeln.»

Keine Goldberge also? Kein glorios funkelndes Masurenende? Das konnte es doch nicht gewesen sein, etwas musste sich machen lassen, ein loser Faden musste da doch sein, den ich noch aufnehmen könnte!

Grunwald, dachte ich da, vielleicht weil es auch mit G begann. Auch Grunwald hast du noch nicht gesehen. Grunwald oder Tannenberg, das war dir vor ein paar Wochen zu viel an Geschichte gewesen, deutsch-polnischer Geschichte, Kriegsgeschichte, jetzt schau es dir halt an.

Also lief ich wieder zum Neidenburger Bahnhof und bestieg einen Zug nach Hohenstein. Es war eine dieser rotgrauen Regionalbahnen mit großen Scheinwerferaugen – es fehlten nur die Wimpern, und man hätte sie für große lummerländische Emmas halten können. Ausgekleidet mit hellem Holzimitat und mit quietschroten Bänken ausgestattet. Mal waren sie mit Kunstleder bezogen, mal waren es nachträglich eingebaute Hartschalenplastiksitze. Besonders die Plastiksitze muteten seltsam an in diesen schweren metallischen Zügen mit ihrer sehr mechanischen Fortbewegungsart. Man spürte die Kraft, die es kostete, dieses schwere alte Gerät, offenbar aus den Gründungszeiten der Sowjetunion, in Bewegung zu setzen und in Bewegung zu halten, laute eiserne, ächzende Geräusche; im Nachhinein bilde ich mir sogar ein, das Schnaufen und Stampfen der Dampfkraft vernommen zu haben. Dabei wirkte all das überaus zuverlässig, die Räder schienen sich fest, ja unlösbar an die Gleise zu krallen, und es ging so langsam voran, dass Zusammenstöße, Unfälle jeder Art undenkbar waren. Die Geschwindigkeit dieser Züge würde keinen von ihnen jemals aus irgendeiner Kurve tragen. Ansagen gab es nicht, geschweige denn Monitore, auf denen der nächste Halt oder, Gott bewahre, mit Werbung gespickte Nachrichten angezeigt worden wären. Auch außen waren keine Hinweise auf etwaige Destinationen angebracht. Dass es in den Waggons Licht gab, grenzte schon an ein Wunder.

Es waren übrigens ausnahmslos Großraumwagen in diesen Regionalbahnen zu finden und nicht diese unsinnigen klaustrophobischen Abteilwagen wie in den überregional verkehrenden Zügen.

Die Türen schlossen, wie es so schön heißt, selbsttätig. Schiebetüren waren es, und sie schlossen wirklich schnell, überraschend schnell für so langsame Züge, man musste achtgeben, nicht eingeklemmt und dabei zerteilt zu werden.

Hohenstein wartete nicht nur mit einem masurischen Freilichtmuseum auf, sondern zeichnete sich auch durch Nähe zu erstens jenem Tannenbergdenkmal aus, das – inzwischen dem Boden gleichgemacht – einst an den Sieg des deutschen Heeres gegen das russische erinnern sollte, an jene Winterschlacht 1914, die Hindenburg zum Helden machte und in der Folge auch zum unglückseligen Reichspräsidenten. Hitler hatte ihm seine senilen Dienste schließlich nicht nur mit besagtem Mausoleumsdenkmal gedankt, das keineswegs am eigentlichen Ort der Schlacht errichtet worden war, sondern in der Nähe von zweitens den Dörfern Grunwald (Grünfelde), Stębark (Tannenberg) und Łodwigowo (Ludwigsdorf), jener Gegend also, in der gut fünfhundert Jahre zuvor, 1410 nämlich, der Deutsche Orden eine vernichtende Niederlage gegen die vereinigten polnisch-litauischen Heere erlitten hatte. Aber was interessierte schon geographische Genauigkeit, wenn die vermeintliche Symbolträchtigkeit auf der äußerst zweifelhaften Annahme beruhte, der Deutsche Ritterorden sei ein direkter Vorläufer des deutschen Nationalstaats gewesen. Ganz zu schweigen davon, dass man für eine Niederlage gegen Polen und Litauer doch eigentlich schlecht an Russen Revanche nehmen konnte.

Aber gut. Tannenberg 1914 war inzwischen aus dem historischen Gedächtnis so gut wie gestrichen. «Grunwald» aber war zumindest im polnischen Bewusstsein noch äußerst präsent. In Rößel, wenige Tage zuvor, hatte ich eine Ausstellung moderner Kunst gesehen, in der das größte Gemälde ein Grunwald-Gemälde war. Auch Henryk Sienkiewicz' Nationalepos «Die Kreuzritter» handelt von dieser Schlacht. Und wie ich bald sehen sollte, war der mit Museum versehene Gedenkort ein beliebtes Ausflugsziel für junge polnische Familien wie für polnische Seniorenreisegruppen gleichermaßen. Es brauchte nur noch ein Taxi, denn Bus und Bahn verweigerten sich erneut den fehlenden zwanzig Kilometern. Aber ich hatte Glück, fand ein Hohensteiner Taxi und bewunderte bald darauf gebührend den Ausblick, den der Grunwalder Feldherrenhügel bot.

Standarten ragten hier in die Höhe, Metallstangen, an denen Wimpel des siegreichen Heeres zu sehen waren. Das dezent in den Hügel eingelassene Museum nahm sich dagegen bescheiden aus. Die wichtigste Information lautete: Der nächste Bus weiter nach Ostróda fährt in vier Stunden; ich sollte nur achtgeben, die Bushaltestelle sei, wenn ich den Parkplatz verließe, rechts und das blaue Bushaltestellenschild leicht zu übersehen. Doch ich hatte ja genug Zeit und machte mir keine Sorgen.

Im Museumskino schaute ich mir einen schmetternden Film über die Schlacht an und versuchte, den rasend davoneilenden Untertiteln noch die eine oder andere Information zu entnehmen. Dann lief ich den Jagiełło-Weg entlang und beobachtete einen Sperber, der tief über den Feldern kreiste.

Es gab noch einen dritten historischen Ort in der Nähe von Hohenstein, Königsgut, Królikowo. Dort lag einst das

Kriegsgefangenenlager Stalag 1b. Und zwar lag es dort ganz wunderbar im «Rücken der Geschichte». Nicht nur Telefon und Auto hatten es schwer gehabt, nach Masuren zu gelangen, auch drangen Nachrichten von diesem entfernten Ort nur selten in die weite Welt.

Und Orte, die im Rücken der Geschichte liegen, waren immer gerade für jene von besonderem Interesse, die selbst Geschichte schreiben wollten. Denn was im Rücken liegt, wird wenig beachtet. Im Rücken der Geschichte lässt sich allerlei verstecken. Dinge, die nicht offen zutage liegen sollen, haben hier ihren Platz. Wo keiner hinschaut, redet einem schließlich auch niemand hinein.

Das Gelände war wellig, und mir war es bei meinem Besuch ein paar Wochen zuvor schwergefallen, mir vorzustellen, dass hier einst zweihundert symmetrisch ausgerichtete Baracken für die Insassen des «Stammlagers», des größten in Ostpreußen, gestanden hatten. Eine Gedenktafel bestätigte mir zwar, der ich unter ein paar Bäumen Schutz vor der Hitze, die damals noch geherrscht hatte, suchte, dass ich am richtigen Ort war. Spuren aber hatte ich nicht entdecken können. Ein paar Meter weiter lag immerhin ein großer Schutthaufen, der möglicherweise auch Reste der Betonbaracken enthielt, doch was spielte das am Ende für eine Rolle?

Fünfundfünfzigtausend Menschen waren hier umgekommen und einige Kilometer weiter, auf dem Friedhof von Sudau, verscharrt worden: Russen, Polen, Franzosen, Italiener und Belgier. Die Überreste der Belgier und Franzosen hatte man irgendwann in ihre Heimat überführt, die der Italiener auf den italienischen Friedhof in Warschau. Wie man sie von den Knochen der Polen und Russen getrennt hatte, wurde nirgends erläutert.

Lange saß ich in der Grunwalder Pizzabude neben dem

Souvenirstand, dachte zurück an meinen Besuch in Królikowo (damals hatte ich für den Tag genug von deutsch-polnischer Kriegsgeschichte gehabt und war wieder davongefahren), beobachtete die dicke Kellnerin, die eine Schürze mit der Aufschrift «Aus 100 % Rapsöl» wie ein Etikett um ihren Bauch gebunden hatte, aß Hotdog mit Kraut und schaute hinaus auf den Parkplatz. Immer neue Besuchergruppen trafen ein und entrichteten die Parkplatzgebühr bei einer Dame in Signalweste. Nicht weit dahinter, an der Straße, stand ein Mast, der halb von Blättern verdeckt wurde, offensichtlich die Bushaltestelle, denn sonst war weit und breit nichts zu sehen, das als Bushaltestelle hätte herhalten können.

Zehn Minuten vor Abfahrt stand ich auf, ging über den Parkplatz und erkannte bald, dass es sich bei der vermeintlichen Haltestelle um ein Vorfahrtsschild handelte. Sofort kam Panik auf, ich erkundigte mich bei der Parkplatzwärter- oder -wächterin, und sie bedeutete mir mit einer Geste: rechts die Straße runter, «Kilometer!». Also begann ich zu laufen.

Es war nun wirklich nicht mehr viel Zeit. Der Rucksack auf meinem Rücken war schwer, die Wurst mit Kraut in meinem Bauch ebenfalls.

Irgendwie schaffte ich es dann doch, kam gerade rechtzeitig, ließ mich in den Bus fallen und durfte beobachten, wie er die Straße, die ich über einen Kilometer hoch- und hergekeucht war, gemächlich hinabfuhr und dabei ein Bushaltestellenschild passierte, keine zwanzig Meter vom Parkplatz und der Parkplatzwärter- oder -wächterin entfernt. Es stand ja, wie man mir gesagt hatte, auf der rechten Seite der Straße. Nur musste man dafür eben den Parkplatz links verlassen.

Die Musik

Hatte ich den Namen richtig verstanden? The Monsters? Es schallte jedenfalls monstermäßig-massiv übers Talter Gewässer, und so wollte ich hinüberlaufen zum Hotel Gołebiewski, zu sehen, was da los war.

Einmal noch war ich nach Nikolaiken gefahren, Abschied nehmen, meinem Wirt die Hand schütteln, bevor er wieder zum Bohrer griff und seine Blumenkübel löcherte, nach Paweł Ausschau halten und ihn nicht finden, der Parkplatzdiva zunicken und am See noch ein Bier trinken, während «The Final Countdown» aus den Lautsprechern auf mich niederzählte, «The Final Countdown» war der Hit des Sommers, so kam es mir vor, auch «Life is Life» wurde gerne gespielt, «Santa Maria» und allerlei elektronische Discomusik. Keine Polkas, kaum Chopin, kein bisschen Jazz.

Jetzt aber hörte ich, kaum dass ich bezahlt hatte, ein anderes Geräusch, ein fernes Dröhnen, dumpf und undefinierbar. Ich ging die Promenade entlang, am Kapitanat vorbei, hinauf zur Anlegestelle der *Sheherazade*. Es kam von drüben, übers Talter Gewässer, unwiderstehlich anziehend, und so überquerte ich die Brücke zur anderen Seite, lief die 16 entlang, es war schon dunkel und, wie mir auffiel, sehr weit bis zum Gołebiewski, dann aber ging ich über den Parkplatz, am Foyer vorbei und einmal um den riesigen Hotelkasten herum, hinunter wieder zum Wasser, und was mir da begegnete, war, gerade an meinem letzten Abend, das Umwerfendste, was ich in Nikolaiken erlebt hatte.

Dort saß das Publikum, besser Betuchte, Familien, ältere Ehepaare, an Bierbänken beisammen, aß Grillfleisch, das gleich an vier oder fünf riesigen Ständen gereicht wurde. Rechts die hoteleigene Marina und der friedlich schlummernde, den Schall so gut transportierende See. Und frontal zu diesem Ferienidyll, auf dem Balkon eines zweistöckigen Gebäudes, spielten «The Monsters». Ein unscheinbarer Mann hinter allerlei Elektronik und eine Frau, eiskalt und außerirdisch, mit schwarzem schulterlangem Haar, ein mit wild funkelnden Silberfäden durchwirkter schwarzer Mantel schmiegte sich an ihre schlanke Taille. Immer wieder blitzte dieses Wesen als Erscheinung zwischen den Lichtstrahlen auf, die riesige Scheinwerfer genau in die Augen des Publikums warfen statt auf die Bühne. Dazu donnerte die Musik, radikal minimal, ein harter Bass hämmerte schweren, hallenden Schrittes voran, und fest trug er den Gesang, einen Gesang, so sirenenhaft, so engelsgleich, dass ich nicht ausmachen konnte, in welcher Sprache er erklang, ob es Englisch war, Polnisch oder Marsianisch.

Ich war hingerissen, meine Augen trotz der Blendung aufgerissen, im Ohrenglück war ich ob dieser deplatzierten Kompromisslosigkeit. Neben mir knabberte man Rippchen, ein paar Leute klatschten sogar höflich nach den Stücken, sonst wurde freundlich ignoriert, was eigentlich nicht zu ignorieren war. Nur ich saß wie verzaubert da, grinste so glücklich wie dämlich in die Runde und wusste nicht, als alles viel zu früh vorbei war, wohin mit mir. Niemand, dem ich meine Verzückung hätte mitteilen, kein Champagner, mit dem man auf dieses Ereignis hätte anstoßen können, nur Bier und Koteletts und gerötete Augen. So etwas Blödes, dachte ich, mal wieder allein. Also zückte ich mein Notizbuch und tat ihm, «kurwa!», meinen Unwillen, aber auch meine Begeisterung kund.

Quellen

S. 12 f.: Péter Esterházy: *Donau abwärts*. Berlin Verlag, 2006

S. 24: zitiert nach Maren Rathke: *Masuren*. Trescher Verlag, 2010

S. 26: Marion Dönhoff: *Namen, die keiner mehr nennt*. Rowohlt Taschenbuch Verlag, 2009

S. 30–31: Max Simoneit: *Die Seen in Masuren und im Oberland*. Rautenberg Verlag, 1988

S. 30 f.: Siegfried Lenz: *Heimatmuseum*. © Hoffmann und Campe Verlag GmbH, Hamburg 1978

S. 38: Siegfried Lenz: *So zärtlich war Suleyken*. dtv, 1995; Arno Surminski: *Die Reise nach Nikolaiken und andere Erzählungen*. Hoffmann und Campe, 1991

S. 40 f., 44, 207: zitiert nach Andreas Kossert: *Masuren. Ostpreußens vergessener Süden*. Pantheon Verlag, 2006

S. 45 f.: Ferdinand Gregorovius: *Idyllen vom baltischen Ufer*. Nicolai Verlag, 1991

S. 47: Ferdinand Gregorovius: *Korfu*. Wolfgang Jess Verlag, 1952

S. 59, 73–75, 79: Carl von Lorck: *Landschlösser und Gutshäuser in Ost- und Westpreußen*. Weidlich Verlag, 1983

S. 60, 65–69: Ernst Wiechert: *Wälder und Menschen*. Langen Müller, 2007

S. 70 f., 86 f.: Hans Graf von Lehndorff: *Menschen, Pferde, weites Land*. © C. H. Beck oHG, München 1980

S. 82 f.: zitiert nach Wieland Giebel (Hg.): *Die Tagebücher des Grafen Lehndorff*. Berlin Story Verlag, 2011

S. 90, 155 f.: Marion Gräfin Dönhoff: *Kindheit in Ostpreußen*. Goldmann Verlag, 1998

S. 113–114: Gustave Flaubert: *Reise in den Orient*. In der Übersetzung von Reinhold Werner und André Stoll. Insel Verlag, 2007

S. 114–115: Pierre Loti: *Jerusalem*. In der Übersetzung von Dirk Hemjeoltmanns. dtv, 2005

S. 129f.: Robert Louis Stevenson: *Das Licht der Flüsse*. In der Übersetzung von Alexander Pechmann. Aufbau Verlag, 2011

S. 149–150, 153f.: Erich Schimanski: *Das Bauernhaus Masurens*. Königsberg, 1936

S. 156–158: Alfred Döblin: *Reise in Polen*. © S. Fischer Verlag, Berlin 1926. Alle Rechte vorbehalten. S. Fischer Verlag GmbH, Frankfurt am Main

S. 182, 186f.: Heinrich Heine: *Reisebilder*. Insel Taschenbuch Verlag, 1980

S. 185: zitiert nach Karl Dedecius: *Meine polnische Bibliothek*. Suhrkamp, 2011